乡村组织振兴与新时代乡村治理

王晓毅　鲁可荣
蒋　培　金　菁　◇著
鲁先锋　王敬培

『十四五』国家重点图书出版规划项目
国家出版基金资助项目

国家出版基金项目
NATIONAL PUBLICATION FOUNDATION

中国乡村振兴
前沿问题研究
丛书

丛书主编◇李小云
执行主编◇左　停

CNS PUBLISHING & MEDIA | 湖南人民出版社 · 长沙

图书在版编目（CIP）数据

乡村组织振兴与新时代乡村治理 / 王晓毅等著. --长沙：湖南人民出版社，2023.10

（中国乡村振兴前沿问题研究丛书 / 李小云主编）

ISBN 978-7-5561-2881-5

Ⅰ. ①乡… Ⅱ. ①王… Ⅲ. ①乡村—基层组织—组织建设—研究—中国 ②乡村—社会管理—研究—中国 Ⅳ. ①D638

中国国家版本馆CIP数据核字（2023）第161686号

XIANGCUN ZUZHI ZHENXING YU XINSHIDAI XIANGCUN ZHILI

乡村组织振兴与新时代乡村治理

丛书主编 李小云
执行主编 左 停
本册著者 王晓毅 鲁可荣 蒋 培 金 菁 鲁先锋 王敬培
策划编辑 黎红霞 欧阳臻莹
责任编辑 黎红霞 夏文欢
装帧设计 许婷怡
责任校对 张轻霓

出版发行 湖南人民出版社［http://www.hnppp.com］
地 址 长沙市营盘东路3号
电 话 0731-82683346
邮 编 410005

印 刷 长沙鸿发印务实业有限公司
版 次 2023年10月第1版
印 次 2023年10月第1次印刷
开 本 710 mm×1000 mm 1/16
印 张 14.75
字 数 240千字
书 号 ISBN 978-7-5561-2881-5
定 价 70.00元

营销电话：0731-82221529（如发现印装质量问题请与出版社调换）

总序

在中国式现代化进程中
全面推进乡村振兴理论与实践创新研究

党的十九大明确提出实施乡村振兴战略，并将其作为构建社会主义市场经济体系的六大方面之一。2018年，《中共中央 国务院关于实施乡村振兴战略的意见》明确了实施乡村振兴战略的指导思想、目标任务和基本原则，进一步明确了乡村振兴战略实施路线图。乡村振兴战略是中国乡村发展实践总结出来的新思想、新模式、新路径，是党的农业农村工作的总抓手，是针对我国农业、农村、农民的特点提出的具有中国特色的乡村发展道路。

习近平总书记强调："从中华民族伟大复兴战略全局看，民族要复兴，乡村必振兴。"我们已经实现从解决温饱、摆脱贫困到全面小康的历史性跨越，但城乡发展不平衡、农村发展不充分仍然是社会主要矛盾的突出体现。农业农村这个短板能不能补上，是现代化进程中必须处理好的重大问题，关系到社会主义现代化建设的成效，也关系到共同富裕的成效，迫切需要坚持农业现代化与农村现代化一体设计、一并推进，走中国特色乡村振兴道路。

全面推进乡村振兴是新发展阶段乡村发展工作重心的历史性转移。乡村振兴是全域、全员、全方位的振兴，涉及乡村产业、人才、文化、生态、组织振兴诸多方面，对象更广、范围更宽、要求更高、难度更大，是一项中长期的任务，最终目标是全面实现农业农村现代化，实现农业强、农民富、农村美，“全面实施乡村振兴战略的深度、广度、难度都不亚于脱贫攻坚”，需要系统谋划、有序推进。

全面推进乡村振兴也是构建新发展格局的需要。随着经济社会的发展，农业多种功能、乡村多元价值越来越得以彰显，全面推进乡村振兴也是挖掘农村内需潜力、畅通城乡大循环、构建新发展格局的重要举措。扩大内需，培育完整内需体系，农村有着广阔的增量空间。农民收入水平提升、农村社会事业发展，会释放出巨量的投资和消费需求。加快拓展和畅通国内大循环，就需要充分挖掘农村内需潜力，推动乡村振兴和城市更新“双轮驱动”，进一步增强产业链供应链韧性。

全面推进乡村振兴还是应变局、开新局的关键之举。习近平总书记强调：“从世界百年未有之大变局看，稳住农业基本盘、守好‘三农’基础是应变局、开新局的‘压舱石’。”改革开放以来，我们创造出的经济快速发展、社会长期稳定这“两个奇迹”，一个很重要的因素就是保持“三农”的稳定发展。2020年以来，应对新冠疫情和部分地区严重自然灾害冲击，我国粮食和重要农副产品供给充裕，农村社会保持和谐安定，对保持经济社会稳定发展功不可没。当前，外部形势复杂变化，不稳定性不确定性日益增加，需要通过乡村振兴实现农业农村稳定发展，赢得应对风险挑战的战略主动和回旋余地。

全面推进乡村振兴更是中国式现代化进程的一个部分，面临很多理论、政策和实践问题。当前的乡村振兴战略，一方面是全球现代化特别是新中国以来国家农业农村现代化战略和实践的一个部分，另一方面又有鲜明的时代特征，面临其他国家、其他时期所没有的问题和挑战。乡村振兴战略需要随着实践的深化而加大研究总结力度。比如，不同类型地区的乡村振兴类型是否有差别；在城镇化大背景下，农村的人口尤其是年轻人还在继续减少，乡村振兴如何实现；在推进乡村振兴产业发展过程中，如何兼顾产业发展的规模集聚效益；如何推进乡村治理体系的创新，有效地保证乡村振兴战略的实施；如何在保证国家生态安全和粮食安全前提下，通过乡村振兴实现农民生活富裕的目标；等等。这些来自实践中的诸多疑问要求我们更加科学、准确地回答关于乡村振兴的实质或内涵到底是什么，需要在更深的层次从多维视角对我国乡村振兴研究的现状、热点和前沿进行更深入的思考和研究。

为此，三年前，湖南人民出版社和中国农业大学国家乡村振兴研究院商量，计划联合学术同仁对当前全面推进乡村振兴所面临的一些迫切需要思考的理论实践问题开展研究，并撰写出版这套《中国乡村振兴前沿问题研究丛书》，以期为更深入开展乡村振兴研究提供重要参考和建议。经过几个方面的努力，现在这套丛书终于付梓。

《中国乡村振兴前沿问题研究丛书》坚持问题导向、国际视野和前沿性，强化实地调查、案例研究和统计分析，在中外乡村发展理论大视野下，力求对当前的乡村振兴理论进行深刻理解和阐释，致力于回应乡村振兴战略和政策实践的现实需要。《中国乡村振兴前沿问题研究丛书》也对代表性的乡村振兴案例进行生动呈现。丛书共七卷，主要的内容包括国家现代化进程与乡村振兴战略、巩固拓展脱贫攻坚成果与乡村振兴有效衔接、乡村产业振兴与乡村功能拓展、乡村振兴与乡村人才建设、乡村振兴与民生保障、乡村组织振兴与新时代乡村治理、乡村振兴与城乡融合发展。丛书各卷编撰都由相关领域的一线专家担纲，这些专家对相关问题有充分的研究积累。

我们需要从全球现代化进程和中国农业农村发展的大历史的视角理解中国乡村振兴战略提出的必然性，理解中国乡村振兴的本质属性，并在此基础上构思解决中国农业、农村、农民发展各类问题的路径框架。《国家现代化进程与乡村振兴战略》系统地分析和阐释乡村振兴战略提出与形成的国际国内背景、基本内涵、重要内容、实施体系和重大意义；针对农村改革与发展中迫切需要解决的问题，诸如农村土地流转、农村组织与制度、农产品生产与流通、乡村建设与发展、城镇化、农村金融、贫困与脱贫攻坚、农村社会、农村法治、乡村治理等进行论述，聚焦“三农”领域的新做法、新经验；总结评估乡村振兴战略从顶层设计到基层落实的实践现状、主要做法、经验和模式。

脱贫攻坚和乡村振兴既是局部和全局的关系，也是不同发展阶段的关系。脱贫攻坚为乡村振兴提供了现实基础；乡村振兴也能为减贫创造长期的有利的政策氛围，为减贫发挥经济上的牵引作用，可以提升社会托底的水平，为减贫建立新的标杆，也为长期的反贫困提供新的治理和发展的资源和力量。巩固拓展脱贫攻坚成果与乡村振兴相衔接既是当下的问题，也是一个长期问题，涉及实现包容性、益贫性的社会经济发展模式和公共政策体系。《巩固拓展脱贫攻坚成果与乡村振兴有效衔接》就做好脱贫攻坚与乡村振兴有效衔接需要把握和厘清的二者的深刻内涵和内在逻辑关系，两大战略协同推进、平稳过渡的政策着力点、关键路径、机制构建以及实施重点、难点等做了分析阐释，对脱贫攻坚已形成的经验和项目如何主流化、常态化、机制化嵌入到乡村振兴战略进行了展望和讨论。

乡村振兴战略不仅应重视传统农业的发展，还应拓展乡村产业发展的新的方向，也就是对乡村新的产业功能的拓展。《乡村产业振兴与乡村功能拓展》从夯实农业生产能力基础、加快农业转型升级、提高粮食等农产品质量安全、建立现代农业经营体系、强化农业科技支撑、完善农业支持保护制度、推动农村产业深度融合、完善紧密型利益联结机制、激发农村创新创业活力等方面进行了阐释；同时，本卷还着眼于未来乡村产业发展，探讨了深化改革、拓展农村的新功能，通过构建新的乡村产业体系和新农业，为实现“农业强”“农民富”创造前提。

乡村振兴离不开乡村人才振兴，乡村振兴需要一批新农人。《乡村振兴与乡村人才建设》从城乡融合的视角，对乡村人才队伍建设，特别是农业经营管理人才（农业职业经理人）、新型职业农民、农业科技人才、农村电商人才、乡村人才挖掘、乡村教育体系、乡村人才培养机制等方面作了详细阐释，就如何创新人才培育、引进、使用、激励体制进行分析和论证，旨在为激励各类人才在农村广阔天地大施所能、大展才华、大显身手，打造一支懂农业、爱农村、爱农民的强大的乡村振兴人才队伍提供具体指导。

乡村振兴战略的出发点和立足点都是人的发展、人民福祉的改善，特别是生活在乡村中的农民。农民的生活富裕是乡村振兴的最重要目标，也是中国现代化的特色和本色。《乡村振兴与民生保障》从政治、社会和经济维度对乡村振兴民生保障的目标、重点、意义和基本框架进行了系统性的阐释。乡村振兴应该为农民提供生态宜居的家园，提供基本的民生保障。乡村是一个人类生态系统，乡村振兴的过程应该包括人类生态系统的优化、功能化。乡村系统不仅能够传承乡村传统文化，更重要的要为乡村文化文明的新发展提供沃土。要把乡村文化和乡村生态系统融合起来，打造乡村居民生态宜居的家园。要加强改善乡村福利、加强乡村社会服务体系建设，发展乡村养老等服务功能。

组织振兴是乡村振兴的核心，《乡村组织振兴与新时代乡村治理》紧紧抓住组织振兴这一乡村振兴的"牛鼻子"，从组织振兴的意义、乡村治理的历史演变与时代要求以及如何构建新时代乡村治理体系等方面进行深入阐述，剖析了构建新时代乡村治理体系所面临的难题和困境，提供了打造服务型政府、建设村民自治组织、推进乡村法治建设、提升乡村德治水平、壮大乡村集体经济组织等措施和方法，为实现乡村各类组织的全面振兴提出相应的政策路径。组织振兴还要积极考虑数字治理技术在乡村的推进应用，打破数字鸿沟、实现数字超车，提升乡村组织治理能力和水平。

乡村振兴需要在城乡融合发展的大格局下予以推进。作为面向2050年国家现代化进程一部分的乡村振兴战略，也需要嵌入到国家社会经济发展的宏大框架中，与城镇化等“四化”统筹的战略相配合。城乡融合是推进乡村振兴战略的重要路径之一，只有通过城乡融合，才能实现资源在城乡之间的优化配置。城乡基本公共服务均等化是推进城乡融合的目标和主要指标，基本服务均等化也是提升乡村能力、改善乡村居民福利的重要方面，也是乡村产业发展的平台。《乡村振兴与城乡融合发展》力图从理论上建构新型工农城乡关系的框架，从实践层面回应城乡融合的政策和措施手段。

丛书尽可能针对乡村振兴需要思考的理论与实践问题进行系统的梳理和研究，提出了很多有建设性的意见和建议，为我国乡村振兴的学术研究提供了前沿观点与资料储备，也提出了需要学界和业界进一步探索的问题。我们希望丛书的出版有利于乡村振兴研究和实践工作的开展。

习近平总书记强调，全面建设社会主义现代化国家，既要有城市现代化，也要有农业农村现代化。要在推动乡村全面振兴上下更大功夫，推动乡村经济、乡村法治、乡村文化、乡村治理、乡村生态、乡村党建全面强起来，让乡亲们的生活芝麻开花节节高。乡村振兴涉及的领域十分丰富，需要研究探索的问题也很繁杂。本丛书的研究编写历经了三年的时间，其间，国内外的形势发生变化，乡村振兴战略的推进也在不断深化，丛书可能没有完全反映相关领域的最新进展，也希望得到各界的批评指教。

李小云

2023年8月

目录

第一章

乡村振兴与乡村治理现代化

第二章

新中国成立以来乡村治理的历史演变与时代要求

第三章
公共服务与乡村治理现代化

第四章
村级组织建设与乡村治理现代化

第五章
农村集体经济组织建设与乡村治理现代化

第六章

农村社会组织建设与乡村治理现代化

第七章

新时代乡村治理的创新与发展

第一章

乡村振兴与乡村治理现代化

在国家治理现代化的过程中，乡村治理的现代化具有重要意义，因为乡村治理现代化是国家治理现代化的基础。司马迁在《史记》中曾说："县集而郡，郡集而天下，郡县治，天下无不治。"国家治理的重点在基层，难点也在基层，有了乡村的善治才会有县市的善治，进而才能推动国家的治理现代化。乡村治理也是乡村振兴的重要组成部分。党的十九大报告提出实施乡村振兴战略，并把"产业兴旺、生态宜居、乡风文明、治理有效、生活富裕"作为乡村振兴的总要求。乡村的有效治理是乡村振兴的重要内容，实现治理现代化的乡村才是全面振兴的乡村；同时治理有效也是乡村振兴的保障，有效的治理为乡村的产业发展、环境保护、乡风文明和共同富裕提供了坚强的保障。

《中共中央关于坚持和完善中国特色社会主义制度、推进国家治理体系和治理能力现代化若干重大问题的决定》中明确提出："构建基层社会治理新格局。完善群众参与基层社会治理的制度化渠道。健全党组织领导的自治、法治、德治相结合的城乡基层治理体系，健全社区管理和服务机制，推行网格化管理和服务，发挥群团组织、社会组织作用，发挥行业协会商会自律功能，实现政府治理和社会调节、居民自治良性互动，夯实基层社会治理基础。"乡村治理要开创新格局，首先要实现治理目标的转变，要以提高人民群众的获得感和满意度为重要目标，将乡村治理的核心从对人的管理转变为为乡村居民提供更好的公共服务；其次，乡村治理的机制要开创新格局，要强化基层党的领导，推动村民参与乡村治理，实现政府与基层群众的良性互动；再次，乡村治理手段要多元化，特别是要综合发挥村民自治、国家法治和乡村德治作用。有效的基层治理有赖于乡村组织振兴。组织振兴要振兴乡村基层党组织，充分发挥党组织的领导作用和乡村党员的模范带头作用；同时要培育多种形式的农民自治组织，通过村民的自治组织强化村民的自我管理和自我服务功能；还要发展农民的经济组织，克服小农户生产的脆弱性，推动乡村产业发展，实现小农户与现代农业的有机结合。

乡村治理问题一直受到党和政府的高度关注，早在2005年，中国共产党第十六届中央委员会第五次全体会议提出建设社会主义新农村任务的时候，就明确指出"要按照生产发展、生活宽裕、乡风文明、村容整洁、管理民主的要求，扎实稳步地加以推进"。2006年，《中共中央、国务院关于推进社会主义新农村建设的若干意见》进一步明确了加强农村民主建设，完善社会主义新农村的乡村治理机制的三项任务，即不断增强农村基层党组织的战斗力、凝聚力和创造力；切实维护农民的民主权利；培育农村新型社会化服务组织。

习近平总书记在党的十九大报告中提出实施乡村振兴战略，将治理有效作为乡村振兴的总要求之一，把"加强农村基层基础工作，健全自治、法治、德治相结合的乡村治理体系"作为乡村振兴的重要内容。随后《中共中央、国务院关于实施乡村振兴战略的意见》进一步明确了加强农村基层基础工作，构建乡村治理新体系的五项工作，即加强农村基层党组织建设；深化村民自治实践；建设法治乡村；提升乡村德治水平；建设平安乡村。

2018年，习近平总书记对实施乡村振兴战略作出重要指示，指出要坚持乡村全面振兴，抓重点、补短板、强弱项，实现乡村产业振兴、人才振兴、文化振兴、生态振兴、组织振兴。这"五个振兴"中把组织振兴作为治理有效的载体，从而为乡村治理现代化指明了方向。中共中央、国务院印发的《乡村振兴战略规划（2018—2022年）》对乡村基层治理做出了具体的部署，要求加强农村基层党组织对乡村振兴的全面领导，促进自治、法治、德治有机结合，夯实基层政权。

从管理民主到治理有效，进而提出组织振兴，乡村治理现代化的目标、机制和实现路径日趋明确。2019年，中共中央办公厅、国务院办公厅印发《关于加强和改进乡村治理的指导意见》，从十七个方面论述了乡村治理的任务：完善村党组织领导乡村治理的体制机制；发挥党员在乡村治理中的先锋模范作用；规范村级组织工作事务；增强村民自治组织能力；丰富村民议事协商形式；全面实施村级事务阳光工程；积极培育和践行社会主义核心价值观；实施乡风文明培育行动；发挥道德模范引领作用；加强农村文化引领；推进法治乡村建设；加强平安乡村建设；健全乡村矛盾纠纷调处化解机制；加大基层小微权力腐败惩治力度；加强农村法律服务供给；支持多方主体参与乡村治理；提升乡镇和村为农服务能力。2021年，中共中央、国务院发布《关于加强基层治理体系和治理能力现代化建设的意见》，对包括乡村在内的基层治理提出了新的要求，加强基层政府的治理能力和健全基层群众自治制度被放到同等重要位置，在强化法治建设的同时也强化了乡村基层德治建设。

新时代的乡村治理面临着新的形势和新的任务，中国乡村发展处于转折点，未来要实现乡村全面振兴、提升农业农村现代化水平，乡村治理的现代化是关键。

一、新时代乡村治理背景

中国的发展进入了新时代，乡村社会处于转折点。从20世纪80年代开始，中国农村进入了转型时期，这种转型表现为从计划经济变为市场经济，从封闭的乡村变为开放的乡村，传统的乡村社会秩序和治理手段受到前所未有的挑战。进入新时代以后，中国乡村进入了转型的关键期，乡村的变化正在从渐进的转型进入快速的转折，城乡关系、乡村结构和国家在乡村中的作用都发生了根本性的变化，乡村振兴在推动乡村快速发展中对乡村治理提出了新的要求。

第一，乡村从封闭走向了开放。长期以来，乡土性构成了乡村社会的典型特征[①]。乡土中国的核心特征是成员低流动和村庄的相对封闭。流动是相对于个人而言，农业活动要求乡村人口长期停留在一个地方，不管是空间的流动还是社会的流动都比较弱，稳定的人口形成了相对稳定的社会结构和社会秩序。事实上，直到20世纪80年代，农民才获得了流动的自由，随着工业化和城镇化进程加快，流动的规模和范围逐渐扩大。人口流动带来了乡村老龄化和空心化现象。相对封闭是在村庄层面上发生的，一方面村庄内部构成了熟人社会，成员之间相互协作，建立了密切的关系，构成了村落共同体，另一方面，村庄与外界的往来较少，无论是市场还是国家，对于村庄的干预都比较少，村庄按照其内在的秩序和权威运行[②]。

村庄的开放首先表现为人口流动的增加，特别是向城市的流动。按照第七次全国人口普查的数据，全国居住在城镇的人口为901991162人，占63.89%，居住在乡村的人口为509787562人，占36.11%。与2010年第六次全国人口普查相比，城镇人口增加236415856人，乡村人口减少164361984人，城镇人口比重上升14.21个百分点。尽管拥有城镇户口的城市居民只占人口的45.4%，但是将近64%的人口已经居住在城市，他们的生产和生活空间已经不在农村，从这个意义上说，那些生活在城镇但没有城镇户籍的人口也已经不是农村居民。城镇化对乡村的影响是巨大的，城镇化为乡村居民提供了一个新的空间，千百年来被土地束缚的农民已经摆脱了束缚，离开了他们祖祖辈辈生活的乡村。与人口城镇化同时发生的是农民收入的变化。在城镇化过程中，农业在国民经济中占

---

① 参见刘守英，王一鸽．从乡土中国到城乡中国——中国转型的乡村变迁视角 [J]. 管理世界，2018(10)：128–146，232。这篇文章将乡土性概括为以农为本、以地为生、以村而治、根植于土四个特征。近代化打破了这个传统的结构，开始进入城乡中国时期，城乡中国的特征表现为乡土变故土，“农二代”已经城市化；告别过密化的农业，农业经营方式变化；乡村变故乡，人口流动带来村庄治理的变化；城乡融合改变了城乡关系。

② 费孝通在《乡土中国》一书中对农民的安土重迁和村落的封闭做了论述，这些论述影响着我们对于传统中国的认识。乡村社会缺少流动并且封闭，不仅在中国乡村是这样，其他国家的乡村也类似，在很大程度上这是农耕社会共有的特征。

比持续下降，2019年国内生产总值中，来自第一产业的只占7.1%，显然农业已经不能为农村居民提供足够收入，非农业收入已经成为农民生活的主要收入来源。2019年农民人均可支配收入1.6万元，其中工资性收入0.65万元，超过了农民家庭经营性收入，这表明农业生产收入在农民的收入中所占份额已经远远低于非农业，来自乡村之外的收入远远高于来自乡村本身的收入。更重要的变化是在1.6万元的收入中有超过1.5万元的收入是现金收入，这表明农民不仅务工的收入是现金，而且农业生产的收入也大部分是现金，农民的生产和生活已经和市场紧密地联系在一起，而不是自给自足了。

自农村改革以来，作为特殊群体的农民工在城乡交流中发挥了重要作用。农民工既非农民，也非市民，而是乡村为城市非农产业发展提供的低成本劳动力。他们在城市就业获得收入，但是家庭生活在乡村。乡村较低的生活成本使他们能够在城市从事收入较低的体力劳动，并通过汇款的方式支持家庭在乡村的生活。据国家统计局对农民工的调查，早在2008年，农民工的总量已经超过2.2亿，到2019年达到了2.9亿人。不管是东部相对发达地区的农民，还是中西部欠发达地区的农民，都将外出务工作为主要的收入来源。区别在于东部地区农民在省内务工的比例比较高，因为省内提供了比较充分的就业机会，而中西部地区跨省打工的比较多，中西部农民只有到沿海地区和都市才能得到比较多的就业机会。

城市化和大量的农民工外出造成了乡村的空心化、老龄化、农业劳动力女性化和留守儿童等诸多问题，具有生产生活功能的乡村出现不同程度的衰败。如果按照2019年全国53万个村委会，乡村居民5亿多人计算，每个村的人口不足1000人，而中西部欠发达地区的更少。在我们调查的一些典型村庄，常住人口不到户籍人口的10%，而且留下的大多是老年人。越来越多的人口流动，越来越密切的农民与市场的联系，以及乡村空心化，使乡村从封闭走向开放，这对乡村治理提出新的要求。

第二，由于乡村的相对封闭，乡村社会往往呈现熟人社会的特点，每一位农民都了解其他农民，并对其他农民的行为产生影响。但是，随着乡村合并、重组，我们正面临着熟人社会的乡村让位于陌生人组成的社会团体的过程，熟人社会的互惠关系、村规民约和地方规范维持村庄日常关系和生活秩序的作用在减弱。

村庄的人口流动无疑是熟人社会瓦解的重要原因。熟人社会是建立在长期生活在共同空间所形成的稳定关系基础上的，但是当今大多数村民在村庄中居住的时间很少，他们分布在全国各地，彼此之间缺乏必要的联系，也缺少共同的利益，因此很难形成紧密的经济关系或稳定的社会关系。事实上从农村改革以来，乡村的社会关系就在发生变化，随着村庄人口流动并广泛分布在全国各地，村民之间的交往日益减少，建立在熟人关系基础上的各种非正式制度的作用日益式微，近年来这种变化呈现出速度加快的趋势。

村庄的搬迁、合并和城镇化是熟人社会瓦解的另一个原因。村庄是在长期的历史过程中形成的，但是在过去的数十年中，村庄的空间格局发生了很大变化。20世纪90年代停止征收农业税费以后，为了减少村干部的数量，节省村庄的行政费用支出，许多地方都采取了村庄合并的办法，将两个或更多的村庄合并在一起，村民委员会的数量已经从20世纪80年代末的近90万个下降到2019年的53万个。村庄的合并打破了原有的经过多年自然发展所形成的村落格局，生活在一个村庄中的农民不再是相互熟悉、被乡村传统所连接起来的熟人，而是来自不同的村庄，有着不同的利益。

进入20世纪90年代以后，村庄的空间分布也发生了很大变化，越来越多的农户搬离了他们祖祖辈辈居住的村庄，其中有一些是由政府所实施的工程造成的移民。中国基础设施建设在过去几十年中快速发展，交通、水利、工业开发、生态建设项目都会带来农民的重新安置，有些甚至跨省安置。仅在“十三五”期间，通过扶贫项目支持，就有960多万农民离开了原来的边远贫困山区，进入到新的移民点开始新的生活。许多移民点规模比较大，容纳了不同地区的农民。这些移民村与传统的村落完全不同，大多数移民都依靠非农产业维持生计，熟悉的村民与不熟悉的村民共同生活。除了这些工程和政策导致的移民异地安置以外，一些地区也积极推动农民集中居住、“集体上楼”以节约农村建设用地。这种重新安置不仅改变了农民的生活习惯，而且在很大程度上改变了农民的日常交往模式。在一个由陌生人组织起来的村庄中生活，仅仅依靠传统权威维持秩序显然是不够的，需要新的制度和新的秩序。

熟人社会的瓦解还因为各种新的社会力量进入乡村，从而在乡村形成了新的关系，典型的如资本下乡所带来的人际关系变化。比如农业企业逐渐进入乡村发展，企业通过土地流转实现专业化和规模化的农业生产经营。尽管作为外来力量，企业管理者很难深入到乡村的社会关系中，但是由于企业有着经济优势，通过流转农民的土地，开发当地资源，雇佣当地劳动力，且在乡村开展一些慈善福利工作，从而对村庄社会关系产生深刻的影响。

在各种力量推动下，乡村在发生变化，但是由于各地背景不同，乡村社会变迁的机制、路径不同，因而导致了村庄的差别，使乡村呈现多样性。在中共中央、国务院印发的《乡村振兴战略规划（2018—2022年）》中，提出了分类推进乡村发展，并区别了4种不同类型的村庄，即集聚提升类村庄、城郊融合类村庄、特色保护类村庄和搬迁撤并类村庄。事实上村庄的种类可能比这更多，不同的村庄面对着不同的社会治理需求。如果说过去的乡村也存在着差异，那至少大多数乡村是基于农耕文化的，而近几十年来的乡村发展已经超越了传统的农耕文明，乡村的多样性远远超出了农耕文化，是在现代文明背景下产生的多样性。

国家与乡村的关系发生了根本性的变化，国家从税赋汲取者变成公共服务的提供者。自古以来，乡村要承担国家的税赋，国家依赖乡村提供的税赋维持政权的运转。在中华人民共和国成立以后，国家通过剪刀差的方式，从农村获得大量资金和粮食以支持国家的工业化建设。在农村改革以后，特别是在20世纪90年代税费改革以后，基层政府的运转主要依靠向农民征收的税费，征收税费一度成为乡镇政府的主要工作。后来，国家增加对农业农村的投入，停止征收农业税，标志着国家政策从汲取乡村资源到工业反哺农业、城市反哺农村的转型。随着国家对农业农村的投入不断增加，特别是精准扶贫任务的完成，确立了国家作为农村公共服务提供者的角色。国家承担乡村基础设施建设和民生保障的职责，在这种背景下，国家力量不再是村庄的外生力量或外部力量，而是成为乡村社会生活的一个有机组成部分，对乡村治理产生着重要影响。

国家的行政权力进入乡村，对乡村日常事务的影响越来越大。国家权力通过提供公共产品，制定乡村规则和安排干部、技术人员及大学生村官下乡，成为乡村治理中最重要的一支力量。传统社会，国家所能提供的公共产品有限，乡村的公共产品往往要依靠乡村自己解决，包括修桥补路、教育卫生、养老救灾等，随后这些责任逐渐由国家承担，政府成为公共服务的主要提供者。随着国家在乡村的投入增加，国家逐渐成为乡村规则的制定者，特别是与村民日常生活密切相关的社会保障、扶贫和产业支持资金，都需要按照国家统一制定的规则使用。同时，政府向乡村派出大批干部和技术人员，以弥补乡村人才的不足。国家与乡村社会关系的变化使得国家越来越直接介入乡村治理，成为乡村社会“在场”的力量。

随着国家与乡村的关系和国家在乡村治理中角色的变化，国家的乡村治理机制发生了根本性的变化，其中最重要的变化就是精准治理，要让国家投入的资源准确地服务于所设定的目标群体，强调政策有效性。国家在提供公共服务的过程中，要精准到个人，比如，不会让低保的资源覆盖非低保群体，扶贫要求精准到贫困户和贫困人口。国家不再是单纯通过村级组织分配公共服务资源，而是基于国家统一的政策，直接落实到户到人。如果说过去国家对乡村的治理往往是以村为最基本的治理单位，现在更多是以户和人为基本的治理单元。

二、乡村治理的新任务、新要求

习近平总书记指出“民族要复兴，乡村必振兴”，把“三农”问题提到了新的历史高度。把乡村振兴战略作为新时代“三农”工作的总抓手，这对乡村社会治理提出了新的要求，乡村治理面临着乡村治理现代化、为乡村振兴提供组织保障和为国家的长治久安奠定基础的重任。

第一，要实现乡村治理现代化。随着传统乡村的瓦解，原有乡村治理手段已经不能适应当前的治理需求，要实现有效的乡村治理，需要提升乡村治理的现代化水平。中国实现了全面建成小康社会的目标，正在迈向社会主义现代化强国，在这个过程中，乡村治理的现代化水平要得到同步提升。乡村治理现代化是乡村治理的全面转型，在治理目标、手段和效果上，与传统的乡村治理有着本质的不同。乡村治理现代化需要设立新的治理目标、建立新的治理机制和达到更好的治理效果。

现代化治理的目标是更好地提供公共服务。现代政府的首要任务是提供公共产品，现代化的乡村治理目标首先是要满足乡村群众需要，更好地为群众服务；此外，有效的治理要保障党和国家的决策在乡村得到贯彻实施。在国家现代化过程中，随着社会经济发展，人民群众会不断有新的需求需要得到政府的回应。比如，长期以来，农民的养老是家庭的责任，政府只是对少数没有子女的老年人提供补贴，但是在国家现代化过程中，养老成为政府的职责，养老的支出在政府预算中所占份额也不断增大。在满足了温饱以后，农民对经济发展、社会安全、文化生活、生态环境和基础设施都提出了更高的要求，这就要求乡村治理能够不断满足群众要求，增加群众经济收入，提高社会保障水平，使群众享受更好的文化生活和生活环境。

现代化的乡村治理需要上下沟通顺畅，使群众的需求顺畅反馈至决策层，政府决策也要在基层得到落实，这就需要贴近群众，切实将治理重心下沉到乡村，特别是建制村或自然村一级。由于政府的行政资源不足，长期以来乡村的治理往往依靠乡村自治，至少从制度安排看，政府行政体系只是延伸到乡镇。对乡村自治的依赖带来了乡村治理的诸多问题，特别是一些地方强势力量对基层社会权力的垄断，造成了乡村内部的社会不公和矛盾得不到有效解决。尽管各地都采取了乡镇主要领导包村包片和向乡村派出干部的方式以强化地方政府的影响，但是不同地区的效果并不相同。近年来，许多地方采取了不同形式的村级干部行政化的管理方式，提高村级干部的工资待遇，要求村级干部按固定时间上下班，以及公开招聘村干部，这些方式都使村级组织越来越带有行政色彩，使上级政府和村民之间的沟通更加顺畅，也保证了高层决策得到落实。

乡村治理现代化要提升治理水平，强化治理效果。乡村治理要确定明确的治理目标，解决实际问题，效果要有明确指标，让治理效果可以监测可以评估。治理效果主要体现在群众满意度、可视性和通约性。在传统体制下，基层治理的目标在于维持基层社会稳定，保证基层可以为国家提供赋税，衡量基层治理成效的指标主要体现在能否顺畅完成国家的任务。在完成国家所赋予的任务以后，基层社会治理有很大的自由裁量空间，不管是采取更加灵活的措施使社会成员享有更多的利益，还是基层权势阶层借机兴起，都是在这个空间内操作的。但是在国家现代化过程中，政府的主要职责是提供公共服务，那么让群众满意就成为治理有效的重要衡量标准。当然，让群众满意并非唯一的标准，因为治理的资源主要来自上级政府，为了便于上级政府评估治理成效，治理的成效必须有可视性。要求治理效果包括让群众满意要有量化的指标，通过观察可以看到，可以横向比较。我们可以看到，近年来为了考核的方便，大量的指标被简化，治理被简约化。成效考核的简约化也反过来推动了治理过程的标准化，不管是对于决策者还是受益者，乡村治理都日趋清晰透明。

第二，乡村治理是乡村振兴的组织保障。乡村振兴是新时代党在“三农”工作中的总抓手。乡村振兴要在产业兴旺、生态宜居、乡风文明、治理有效和生活富裕五个方面实现振兴，在这五个目标中，乡村治理是核心也是基础，要为乡村振兴提供组织保障。

乡村振兴要解决两个突出的问题，首先是长期以来乡村发展滞后于城市，城乡差距扩大的问题；其次是在现代化过程中，乡村走向衰落的问题。在20世纪80年代农村改革以后，农业农村快速发展，农民收入增加，但同时，城市也进入了高速发展时期，而农村发展相对缓慢，导致城乡差距扩大，成为中国现代化的短板。没有农业农村的现代化就不可能有中国的全面现代化，乡村振兴要解决长期以来乡村发展滞后的问题，补齐中国现代化过程中最大的一块短板。因此，在乡村振兴中，要加快实现公共服务的均等化，促进乡村产业发展，增加农民收入，让乡村富起来。但是我们也要看到，现在的城乡差别已经不同于以往，现在我们已经面临着现代化过程中所出现的乡村衰落，大量乡村人口不会因为乡村的基础设施改善和城乡居民收入差距缩小而留在乡村，恰恰是在乡村的发展过程中出现了乡村老龄化、空心化的问题。乡村振兴意味着我们要实现城乡共同发展，而不是以乡村衰落为代价，更不是简单地用机械替代人力，从而导致乡村人口大量流失。乡村要成为吸引人的地方，实现城乡的双向流动，不仅仅农村人口要进入城市，城市的资本、人才和技术也要回流乡村。乡村振兴不仅仅要发展生产，提高农民收入，同时也要有更好的环境，包括更好的自然环境、更好的社会环境。乡村振兴对乡村治理提出了新的挑战，乡村治理不仅要关注社会的治理，也需要高度关注环境、资源的治理。

要实现乡村的有效治理，组织振兴是关键。在传统的农业社会，农民依靠组织来克服风险，实现社会互助，村庄组织、家族组织、行会等传统的社会组织在维持传统农业社会的稳定和发展中发挥了重要作用。但是随着传统社会的解体，村庄由封闭走向开放，村民由定居走向流动，传统的社会组织的作用已经弱化，而新的组织机制尚未完善，一些地方出现治理人才匮乏和村民参与不足等问题。农民组织化程度较低导致乡村治理成本上升而治理效果不明显。推动乡村组织发展是实现乡村治理有效的关键，只有提升乡村的组织化水平，才能充分发挥党组织的领导作用，提升农民的地位，推动乡村自治功能的更好发挥。组织振兴是乡村振兴的重要保障，也是实现乡村治理有效的重要途径。

第三，乡村治理要为国家的长治久安奠定基础。在中国的发展过程中，乡村是基础，只有乡村富裕而稳定，才能保障国家的长治久安。历史经验一再表明，乡村安则国家安。乡村同时兼具三项重要的职能：粮食安全的保障、生态安全的保障和社会稳定的保障。要保证这些职能的正常发挥，就要实现乡村治理的有效。没有乡村的治理有效，就无法保障乡村的安全和稳定，国家的粮食安全和生态安全也会受到影响。新时期的乡村治理要成为国家安全的基石，成为社会稳定的保障。

习近平总书记2019年在参加十三届全国人大二次会议河南代表团审议时强调，要夯实乡村治理这个根基，采取切实有效措施，强化农村基层党组织领导作用，选好配强农村党组织书记，整顿软弱涣散村党组织，深化村民自治实践，加强村级权力有效监督。只有夯实乡村治理的基石才能实现中国的治理现代化。

三、完善乡村治理机制的路径

要推进乡村治理现代化，需要在加强乡村基层的领导、创新治理机制、提升治理能力、完善具有中国特色的乡村治理模式等四个方面着手，通过推动组织振兴实现治理有效。

第一，加强党对乡村治理的全面领导。坚持党的领导，在乡村治理中发挥党组织的战斗堡垒作用是中国乡村治理的制度优势，也是提升乡村治理能力的关键。村党支部/党委的核心领导作用主要体现在党员的模范带头作用、党组织的领导核心作用和党组织的领导地位。

作为执政党，党在人民群众中的威信和地位首先取决于党员的表现。党员生活在人民群众之中，时刻处于人民群众的关注之下，他们的一言一行都会对群众产生影响，因此党员的日常行为决定了党在群众中的影响力。中国共产党党员的数量已经超过9500万，其中农牧渔民党员超过2500万，超过党员总数的25%。在日常的社会治理和紧急突发事件应对中，农村党员成为乡村治理的中坚力量。

基层党组织，特别是党组织的带头人，对于实现有效的基层治理发挥着关键作用。2019年，中共中央重新修订了《中国共产党农村基层组织工作条例》，赋予基层党组织更重要的责任。农村基层组织是党在农村全部工作的基础，全面领导乡镇、村的各种组织和各项工作。村级党组织是村级治理的核心，要全面统筹本村经济建设、政治建设、文化建设、社会建设、生态文明建设和党的建设。在这种背景下，选好用好乡村党组织的主要领导，提升乡村班子成员的责任心和能力，提升党员的觉悟，是加强党组织建设的关键，是党领导乡村振兴的保障。

村级党组织担负着组织农民的任务，要把群众组织起来，发挥农村集体的力量，加快农业农村发展；要把乡村的各种组织和力量团结起来，更好地为农民服务。党和国家对"三农"工作一贯重视，各级政府和社会各界对乡村的投入不断增加。这些投入在改善乡村居民生活、满足群众需要方面发挥了重要作用，但是也存在多头投入和利用率低的问题，不同部门的投入不能相互配合，比如图书室建设与农业科技教育脱节，文体设施过于模仿城市而被闲置。要解决这些问题，就需要通过党组织来统筹，在村级层面综合利用各个部门的投入，建立以满足群众需求为导向的综合服务机制。

第二，提升乡村治理能力。加强农村基层治理的关键在于提升基层组织的治理能力。要提升村级组织的治理能力，需要在健全制度、引进人才和增加可支配的资源上发力。

从20世纪80年代开始实施村民自治后，村庄的干部大都不是专职干部，他们的身份是农民，他们的工作报酬是误工补贴。虽然进入21世纪以来，村庄干部的补贴来自政府财政收入，但是一般也比较低。村庄干部主要利用家庭经营之外的时间处理村庄的公共事务，这种形式越来越不能满足群众的需要。特别是实施乡村振兴战略以后，村庄的公共事务大量增加，村庄主要干部仅利用业余时间已经无法完成繁重的任务，村干部的专职化就成为一种必然，许多地方开始要求村干部有正式办公场所和固定的工作时间，按照行政干部的要求进行统一管理。在村干部专职化过程中，他们的报酬也明显增加。从收入和制度安排两个方面看，乡镇政府已经把村干部作为准公务员来对待，村干部的职业化水平得到提升。

村干部的职业化使其可以投入全部精力用于村庄公共事务的治理，也便于对村干部进行管理和监督，并为村干部的选拔提供了更多的可能，许多有文化、愿意为村民服务的青年人成为村干部的后备人选。一些地方通过公开招聘，从村庄之外更大的范围内选拔能力强的人充实了村干部队伍。

在乡村治理中要重视农民组织的力量，培育多样的农民组织。首先要积极推动农民合作组织的发展，通过合作社的机制将农民组织起来，这不仅具有重要的经济意义，同时对于乡村治理也具有重要意义。合作社能够成为乡村治理的有效载体，村民可通过合作社的组织参与村庄公共事务。除了合作社以外，各地发展了多种多样的农民组织，包括政府主导的参政议政组织，如村民理事会、村民议事会等；也有特殊人群的组织，如老人会、妇女小组。培育乡村的多种组织可以发挥群众的监督作用，形成良好社会风气，使道德的力量在乡村治理中切实发挥作用。多样的组织不仅能够满足村民需求，为村民提供服务，更将成为乡村治理的重要力量。

发展集体经济，让村级组织拥有治理资源。发展集体经济可以增加村庄的集体收入，解决村级组织没钱干事的困难。乡村有众多公共事务是当前财政还没有完全覆盖的，村级组织如果没有可支配的收入，就无法应对众多的公共事务。近年来，各地党委和政府充分意识到村庄集体经济的重要性，从不同渠道为发展集体经济提供资金支持，一些地区还把农村集体收入作为村级组织考核的重要指标。发展集体经济不仅让村级组织有钱办事，同时也使村级组织的威信相应提高。发展集体经济既能够提高乡村的治理能力，同时也依赖乡村治理能力的提高，因为发展集体经济同样会面临经济风险，这需要村级组织有较强的经营能力。一些村庄为了规避风险，更希望将集体的资产出租或入股到比较稳定的企业中获得稳定的回报。在政府支持下，乡村集体多持有一些优质资产以获得稳定收入。

第三，实现共治共享。乡村振兴不同于以往的乡村发展，乡村振兴是多方参与的过程，需要建立以农民为主体、多方参与的乡村治理机制。在乡村振兴过程中，农民、政府和市场是三个最主要的推动力量。其中，农民是主体，要充分尊重农民的主体性，让农民具有参与权、决策权和受益权。同时，乡村振兴离不开政府的投入，也离不开市场主体和社会组织的进入。在实施乡村振兴过程中要保障各方利益，就要形成民主协商的机制，通过民主协商，真正实现民主参与、民主决策。

第四，推动乡村治理创新。在新形势下，实现治理有效需要不断推进乡村治理创新。赋予基层组织更多的权力和责任，探索不同地区实现治理有效的途径；强化村民的参与和监督，充分保证村民的自治权利；充分利用新的技术手段，服务乡村治理的目标。

要促进具有本地特色的多样化乡村治理创新。中国的乡村具有多样性，有的村庄完全由来自不同地区的移民组织起来，也有的村庄仍然部分保留了原有的格局和亲属关系；有的村庄只剩下老人和孩子，也有的村庄吸引了外来人口进入；有些村庄远离城市，仍然保留着传统的农业格局，也有的村庄已经成为城镇的组成部分。《乡村振兴战略规划（2018—2022年）》提出“顺应村庄发展规律和演变趋势，根据不同村庄的发展现状、区位条件、资源禀赋等，按照集聚提升、融入城镇、特色保护、搬迁撤并的思路，分类推进乡村振兴，不搞一刀切”。那么乡村治理也需要根据村庄的特点建立不同的机制，形成乡村治理的多样化格局，切忌一刀切。

要形成多样化的乡村治理格局，首先要赋权基层，让基层政府和基层组织具有与责任相适应的权力，在行政权力下沉基层的过程中，也推动决策权的下沉；其次要开放更多的空间给地方进行创新试验，鼓励基层探索新的乡村治理道路。从农村改革到乡村振兴，基层政府和基层组织被赋予了创新的职能。有效的措施、机制和政策往往来自基层的实践。乡村振兴和乡村治理现代化是我们过去从来没有的巨大社会变革，这就更需要基层社会的创新。

乡村治理现代化是乡村振兴中的重要任务，不仅要在技术手段上实现现代化，更要在治理目标和治理机制上实现现代化，从而推动农业农村的全面现代化。

第二章

新中国成立以来乡村治理的历史演变与时代要求

新中国成立后，普遍建立起基层党组织和基层政权，开始了以人民政权作为基础的制度化乡村治理历史。乡村治理是在国家权力之下，以乡村为空间或以乡村事务为对象的治理，它是以我国行政结构为基础而进行的权力纵向传递和运作的过程，并且与社会结构、社会发展阶段以及社会环境紧密相关。从范畴上看，聚焦于村域社会；从主体上看，包括政府组织和乡村社会以及其他主体。随着社会结构和行政结构发生变化，乡村治理的特征、主体、内容以及方式也会相应调整。众所周知，1949年以后，我国农村地区的社会发展呈现出明显的阶段性特征。由此，我国乡村治理的历史演变也呈现出相应的阶段性特征。但学者对乡村治理演变的阶段划分不尽相同，主要有“两段论”“四阶段论”和“六时期论”等。徐勇以有无国家建构为标准将中国乡村治理分为传统小农时期的乡村治理、国家建构时期的乡村治理和1978年以后的乡村治理。即新中国成立之后的乡村治理被分为两个阶段。郭正林等人提出“四阶段论”，即乡—村政权并存、乡政权制、人民公社制和乡政村治。丁志刚等人分析了“六时期论”，即土地改革时期、农业合作化时期、人民公社时期、改革探索时期、新农村建设时期和乡村振兴战略实施时期。综合来看，虽然目前对中国乡村治理发展阶段的划分并不完全一致，但总体上与我国重大社会发展阶段相吻合，只是不同学者对各个阶段的具体分析各有侧重。

笔者以新中国成立为起点，梳理我国制度化建设以来乡村治理的历史演变及其特征，这里主要根据治理特征不同将其划分为三个阶段，即新中国成立至改革开放初期的“村政治理”阶段（1949—1981年）、改革探索时期的“乡政村治”阶段（1982—2016年）以及乡村振兴战略实施以来的“融合治理”阶段（2017年之后）。在不同的社会发展阶段，乡村治理有着不同的治理重点，并呈现不同的发展特征。虽然学者对乡村治理发展阶段划分不同，研究视角多样，但乡村治理分析离不开治理目标、治理主体、治理方式或手段等具体方面。乡村组织始终是乡村治理的主体之一，而不同阶段有不同的乡村组织参与治理，不同的治理内容对乡村组织的形式和发展也有所影响。因此，笔者从治理特征、治理主体和治理内容三方面来梳理新中国成立以来各个阶段我国乡村治理的历史演变。笔者也将结合新时代的治理需要和发展基础，简析我国乡村治理的发展趋势以及简单阐释我国乡村建设面临的挑战。

一、新中国成立至改革开放初期的“村政治理”阶段（1949—1981年）

1949年以前，我国的乡村治理主要是一种地方性规范或乡土规范作用下的治理。随着新中国的成立，乡村治理发生变化，转向于“权力下乡”的制度化治理，国家权力的监控范围覆盖到农村事务。因此，乡村治理主要是以行政组织为核心的治理实践。而且这一时期主要围绕土地改革和农业生产进行一系列的治理活动，但这些活动一定程度上是为了促进工业化和推进我国从农业国向工业国转变。

（一）治理特征：从“行政化”村级治理到“集体化”政社合一治理

新中国成立以后到改革开放之前，我国的行政村性质发生了本质性改变——从建制行政村到行政村建制被撤销。但乡村治理的本质特征并没有完全改变，行政性一直贯穿其中。有所不同的是，新中国成立之前的乡村治理是“行政化”村级治理，而新中国成立之后则是农业合作化和人民公社制度影响下的“集体化”政社合一治理。

1.“行政化”村级治理

在数千年历史发展过程中，中国逐渐形成了“省—县—乡”三级管理结构。这一结构几经变化，延续至今。但早年的乡与村紧密融合，整体上主要依靠乡绅等非体制精英主导内部治理。20世纪以来，国家权力日益深入乡村，开始出现国家授权的村级权力和村级体制精英。新中国成立初期，全国消除封建残余势力，开始休整建制，对基层社会结构进行调整甚至重塑，中国基层管理结构在传统三级结构的基础上有所更新。1949年9月召开的中国人民政治协商会议第一届全体会议通过了《中国人民政治协商会议共同纲领》，提出“引导农民逐步地按照自愿和互利的原则，组织各种形式的劳动互助和生产合作”。1950年12月，政务院发布了《乡（行政村）人民政府组织通则》等。后因管理需要，调整县下管理层级，1951年4月，政务院颁布了《关于人民民主政权建设工作的指示》，明确了农村基层政权体制的两种类型：“区—村”两级政府制和“区—乡”建制。由此，我国基层形成“县—乡—村”和“县—区—乡”两种权力结构。前者的村为最末端一级的政府，由村民代表选出村政府，承担最基层的治理功能；后者无村一级政府。在此变化中，“行政村”被作为农村基层社会的行政管理单元，成为国家深入基层社会管理乡村的桥梁。很显然，新中国成立初期，“村”有着明显的行政层级属性，因此乡村治理也具有行政性。村庄治理主要依靠村级政府组织。村政府由村民选举产生，体现了村民的治理参与。但随着合作化的发展，国家逐渐取消了这一乡村行政建制，村级组织的性质也逐渐有所变化。

2.“集体化”政社合一治理

1951年9月，全国第一次农业互助合作会议通过了《中共中央关于农业生产互助合作的决议（草案）》，明确提出发展农业生产互助合作的基本方针、政策和指导原则。此后，农村地区相继开始农业生产互助合作运动。这一运动也影响了乡村的治理格局。农民被组织起来参与农业生产等活动，合作化从初级发展到高级。1954年9月，我国颁布了《中华人民共和国宪法》和《中华人民共和国地方各级人民代表大会和地方各级人民委员会组织法》，宪法取消了过去的区村制和区乡制两种体制并存的制度，撤销行政村建制，将全国农村基层政权统一规范为乡镇人民代表大会制度，乡镇为农村基层政权。村一级不再是行政层级，但这并不意味着村一级不再受行政影响。在后续的国家集权和基层集体化建设过程中，村一级依然受中央权力意志的直接影响，“村政仍然是不可或缺的”。

在合作化运动的高潮阶段，部分地区逐渐有了人民公社的雏形。1958年3月，中共中央政治局成都会议通过了《关于把小型的农业合作社适当地合并为大社的意见》。同年，中共中央制定了《中共中央关于在农村建立人民公社问题的决议》，提出建立人民公社是“指导农民加速社会主义建设，提前建成社会主义并逐步过渡到共产主义所必须采取的基本方针”。人民公社制度由此成为“真正意义上的基层政权组织”。1962年，人民公社调整建立“三级所有、队为基础”的治理结构。具体而言，实行两级或三级管理体系，即“公社—生产队”“公社—生产大队—生产队”。在此基础上逐渐形成“生产队（少数地区是生产大队）为农村集体经济基本核算单位，生产大队为政社合一的农村社会基本单位的村政格局”。这一阶段的生产大队和生产队类似于我们当前的行政村和自然村（或村民小组）范畴，属于一种村政组织。1975年和1978年分别颁布的《中华人民共和国宪法》从法律上确定了人民公社政社合一的组织性质，它统一管理基层的政治、经济和社会文化等工作（见表2–1）。十一届三中全会之后，人民公社制度逐渐瓦解，“生产大队”改为“行政村”。乡村治理逐渐向新的发展阶段转变，即村民自治。

表2-1 人民公社时期生产队治理内容

分类	内 容
政治方面	政治宣传、思想教育、整治整合、意识形态引导
经济方面	独立核算、自负盈亏，有完整账户管理、核算固有资产和集体自有资产
行政方面	农村人口、资源管理、工分核实等其他行政管理

资料来源：笔者根据李增元的《农村基层治理单元的历史变迁及当代选择》一文的内容整理。

（二）治理主体：以村政组织为主

无论是“行政化”村级治理，还是后来的“集体化”政社合一治理，本质上乡村都是行政层级的末梢，即村政治理。党组织延伸到基层的农村之中，领导着乡村治理。在此治理格局中，村级与上级政府之间是领导与被领导的关系。政府是行政村的主要治理主体。虽然集体化时期不再使用区、乡、村的行政概念，改为公社、生产大队、生产队的建制，但其中的生产大队和生产队实质主要指的还是乡村范畴。集体化时期的乡村治理表现为依托于公社、生产大队和生产队的政社合一的治理结构。政社合一的生产大队成为当时农村唯一的合法组织。这种组织中有一定规模的脱产、半脱产干部负责乡村事务的管理和运作。因此，这一时期的乡村治理本质上仍是一种行政化的治理方式，村政组织仍然是主要的治理主体。但需要提及的是，虽然生产大队比以往的村政组织更有效率，但本质上存在很多弊端。在互助合作和集体化时期，农民在村庄事务中的参与度和参与积极性明显提高，但具体的政策落实和公共服务主要源于行政化的村级、其他行政层级以及政府主导形成的集体供给，因此，可以说，这一阶段乡村治理的主体主要是行政化的村级政府，即村政组织。

（三）治理内容：以土地改革和组织农业生产为主

新中国成立初期，我国农村既面临着恢复生产的艰巨任务，又提出保护农民的经济利益及其私有财产的要求。由此，国家在乡村社会开展了轰轰烈烈的土地改革，在此基础上鼓励农民大力发展农业生产。除村庄日常事务管理之外，土地改革和组织农业生产成为新中国成立后的近30年里，我国乡村社会发展和治理的重要内容。

1.土地改革

新中国成立初期，我国百废待兴。同时，在数十年战争的破坏下，城乡面临着艰巨的生产发展问题。就农村地区而言，土地是最重要的生产要素。而在当时的农村中，地主掌握着绝大部分的土地，农村最迫切之事就是改革土地制度。土地制度改革成为共产党获取农民支持和寻求工业化发展道路的重要途径。1949年中央人民政府颁发的《中国人民政治协商会议共同纲领》中明确，要“有步骤地将封建半封建的土地所有制改变为农民的土地所有制”，“必须发动农民群众，建立农民团体，经过清除土匪恶霸、减租减息和分配土地等项步骤，实现耕者有其田”。为了推行土地改革，1950年6月28日，中央颁布了《中华人民共和国土地改革法》，废除封建土地所有制，明确了土地没收和分配等一系列具体内容，建立农村土地所有制。可以说，新中国成立初期的土地改革是农村土地所有制的转变和对土地要素的重新分配，能极大地提升农民的积极性，赋予农民一定的自主权，为后续农民参与乡村治理和促进乡村发展奠定了基础。

2.组织农业生产

在进行土地改革的同时，我国也推进农业生产的恢复和发展。在新中国成立初期，国家提出“恢复并超过战前粮食、工业原料和外销物资的生产水平”的发展目标。土地改革结束后，农民获得了一定的土地，农业生产明显有所发展，国家对农业生产有了更多期待和要求，乡村内部也有了更高的农业生产积极性。1951 年颁布的《中共中央关于农业生产互助合作的决议（草案）》规定对农业实行社会主义改造，提出以互助合作的形式提高农业生产效率，兴修及整修小型水利工程以促进农业生产等举措，也有效促进了农业生产。随后逐渐发展为集体化，但因自然灾害的严重影响，集体化时期的农业生产并没有取得很好的成效。

十一届三中全会提出工作重心要向社会主义现代化转变，讨论了加快农业生产问题，并通过了《中共中央关于加快农业发展若干问题的决定（草案）》（以下简称《草案》）。该《草案》提出了一系列政策和措施激发农民的生产积极性。例如促进农业技术改造，因地制宜适当集中发展粮食作物和经济作物等，并拟定了25项政策和措施助力发展农业生产力，其中副业生产、农业贷款、粮食征购、农田基建、社队企业以及计划生育等部分政策和措施都在基层治理范畴之中。此后，村干部和农民在十一届三中全会精神和《草案》文件的指引下，大胆改革农村经济体制，即实行家庭联产承包责任制改革。家庭联产承包责任制本质上是分离了土地所有权和承包经营权，重新界定农民和集体与土地两权之间的所属关系。农村地区开始一系列的土地经营制度改革，而这也慢慢引起农村行政制度的变化。

总结来看，乡村治理发展的这一阶段，制度改革和农业生产发展是重点，具体包括土地改革、合作化农业生产以及家庭联产承包责任制的推行等工作内容。与此同时，乡村内部还涉及农业生产公共服务供给、计划生育、对鳏寡孤独等特殊群体的集体救助、村庄日常事务管理等内容。但需要特别提及的是，虽然土地改革和农业生产过程极大地促进了农村发展，但其很大程度上是为了服务工业化。可以说在此阶段的农业社会主义改造是实现社会主义工业化的重要组成部分。这为后续发展阶段的乡村治理内容和治理困难埋下了伏笔。

二、改革探索时期的“乡政村治”阶段（1982—2016年）

对于农村发展而言，1982年是一个重要的时间节点。一方面，我国从这一年开始多次下发瞄准农村工作的“一号文件”，从此农村治理工作被放置于重要地位，成为我国治理工作的重要内容。另一方面，这一年通过了新的《中华人民共和国宪法》，人民公社被正式废除，要求各地建立村民（乡民）委员会。我国基层确立“县—乡—村”三级基层治理建制，奠定了此后我国乡村治理的纵向结构。这一建制结构稳定发展，并延续至今。这两方面的变化对我国乡村治理体制也产生了巨大的影响。可以说这一阶段是我国乡村治理转型发展的重要阶段。

（一）治理特征：以培育农村自治组织为核心的乡政村治

1.农民自治组织的成长与乡政村治格局的形成

十一届三中全会之后开始实行家庭联产承包责任制，农村地区开始土地经营制度改革，实行包产到组、包产到户。土地经营制度的变化也带来乡村治理制度的变化。1982年，第五届全国人大第五次会议通过新的《中华人民共和国宪法》，明确了村民委员会的合法地位及其治理功能，即“办理本居住地区的公共事务和公益事业，调解民间纠纷，协助维护社会治安，并且向人民政府反映群众的意见、要求和提出建议”。此后，中共中央在中发〔1982〕36号文件中，要求各地要“有计划地进行建立村民 (乡民) 委员会的试点”。1983年10月，中共中央、国务院发出《关于实行政社分开、建立乡政府的通知》（以下简称《通知》），明确当前农村改变政社合一体制的首要任务是把政社分开，要求尽快改变党不管党、政不管政和政企不分的状况，提出在1984年底以前大体上完成建立乡政府工作的要求。该《通知》要求在乡一级建立党委、政府和经济组织三个机构。此后，全国展开建立乡、镇政府和各种合作经济形式的工作，人民公社体制逐渐废除，政社分开。

1998年，第九届全国人民代表大会常务委员会第五次会议通过了《中华人民共和国村民委员会组织法》，明确村民委员会的性质是“村民自我管理、自我教育、自我服务的基层群众性自治组织”。虽然法律规定如此，但实际上村民自治组织主要承担乡镇政府委派的行政职能，很大程度上仍属于基层“行政网”之中。改革开放之后，我国乡村治理格局被总结为“乡政村治”，“即在乡一级恢复建立乡政府，在乡以下的村建立村民委员会，实行村民自治”。它反映了改革开放之后，我国乡、村两级的行政关系，而且这一建制关系一直延续至今。

2.精简基层治理组织结构——乡镇机构和乡镇工作人员

在城镇化发展进程中，乡村治理的内容与城镇化进程息息相关。在上一阶段乡村治理特征和治理内容的分析中提到，土地改革和农业生产等活动一定程度上是服务于工业化推进目标的。虽然20世纪80年代，我国乡村逐渐有了治理的自主性，但一些治理内容依然有着服务于工业化和支持城市发展的作用。例如统购统销制度的实行，农产品只能以统一的低价出售给国家。有资料显示，1953年到1985年，国家利用粮食统购统销制度从农民手中得到的额外收入约在6000亿至8000亿元。此外，农业税制度也是典型代表。农业税收是国家财政收入的重要来源之一，并且承担着地方相关机构的运行成本。基于家庭联产承包责任制的实施，农村经济得到快速发展。1983年，我国扩大了农业税的征收范围。为了满足这些事务的需求，基层组织有所扩大，机构冗杂。有研究显示，21世纪初，乡镇机关工作人员的数量是20世纪80年代的三倍左右。周飞舟将这一状况中的政府定义为“汲取型政府”。从治理角度而言，这一阶段的乡村治理的主要内容是从乡村汲取和输出发展资源，来服务经济发展和工业发展等国家发展主要目标。

20世纪90年代，国家愈发关注农民负担问题，召开了“全国减轻农民负担工作电话会议”等，取消一系列原来由农民负担的项目。为了减轻农民负担，国家采取一系列措施。2002年，在全国推行农村税费改革；2004年，提出五年内取消农业税；到2006年，全面取消农业税。这意味着国家开始调整过去从乡村中汲取发展资源的乡村治理局面。这无疑给乡村治理带来巨大变革，不仅引起相关行政机构的调整或撤销，也影响了基层政府的财政来源和财政机构的构成，更是极大地减轻了农民的负担。与此同时，国家在农村制定一系列惠民保障的社会政策，对乡村发展和治理的政策关怀与财政支持不断增加，以真正促进乡村发展和改善农民的生活状况。对比来看，从统购统销农产品和征收农业税到民生保障政策的实施和农业税的取消，这一发展过程表明乡村治理从“汲取”乡村资源向“关怀”乡村发展转变。在此过程中，乡村治理体制和组织结构也发生变化，例如精简乡镇机构。1998年，中国开始乡村撤并，精简机构，调整基层组织结构和规模。这也影响了基层治理组织结构。

3.治理现代化发展目标驱动下乡村治理发展多样化

随着对农村问题的关注日益凸显，国家对乡村治理有了更高的要求，为乡村治理体制的发展带来了诸多契机。尤其是十八大以来，我国愈发强调服务型政府的建设目标和原则，国家治理格局整体上不断完善。十八届三中全会提出全面深化改革的决定，将推进国家治理体系和治理能力现代化作为全面深化改革的总目标，要求“创新社会治理体制”和建设“服务型政府”。乡村治理是国家治理体系的重要组成部分，在治理体系和治理能力现代化的过程中，乡村治理也经历着巨大变化。十八届四中全会提到，将“坚持和完善统筹城乡的民生保障制度，满足人民日益增长的美好生活需要”作为推进国家治理体系和治理能力现代化的具体要求。在这些顶层设计的引导下，乡村治理体系不断发展完善。同时，十八届四中全会，还围绕“全面推进依法治国”问题展开研究，提出“推进基层治理法制化”的目标。基层治理法制化是依法治国的重要方面。2015年7月4日，国务院印发《国务院关于积极推进“互联网+”行动的指导意见》，“互联网+”的影响也逐渐扩散到治理领域。这些新的治理理念和治理方式，也在潜移默化地影响着包括乡村治理在内的国家治理体系和治理特征，具体涉及治理力量、组织构成等方面。

（二）治理主体：村民自治组织为主，组织体系不断完善

1.村民自治组织的成长

20世纪80年代，农村经历一系列制度改革，村庄层面形成了政府赋权的自治局面。理论上行政村与基层政府不再是领导与被领导的关系。村庄治理由作为基层群众自治性组织的村民委员会组织进行，村庄内部有更多的自治权限。村庄自治组织不断成长。而且，在此后的发展过程中，村庄内部还出现大量农民合作经济组织，逐渐成立了老年协会等组织，共同参与村庄事务的处理。其中，党支部是各种乡村治理组织的领导核心。但需要明确的是，村民自治是国家为实现有效治理而将行政权下放至基层，并在村一级实行民主自治的方式。村民自治并非完全脱离行政治理之外，因此，在日常治理中，村民自治依然要受政府治理影响。

2.“一肩挑”制度进一步整合村庄治理组织

在这一阶段，我国乡村治理发生巨大变革，并日趋稳定，地方在治理方式上也多有探索和创新。这尤其发生于进入21世纪之后。为了缓解农村党支部与村委会之间的矛盾，部分地区探索创新了“一肩挑”模式，即“党支部书记和村委会主任由1人兼任, 两委其他成员交叉兼职, 实现两套班子, 一套人马”。“一肩挑”制度符合农民的文化认知水平和文化传统。而且，整体上“一肩挑”做法是实现组织意图与村民意愿有机结合、党的领导与村民自治内在统一的适当选择，能强化党组织领导权威，有利于提升农村基层党组织的执政能力。换言之，“一肩挑”的做法进一步整合了村庄的治理组织力量。这一做法也得到了中央的肯定和提倡，但起初并未要求全面推行。

3.“网格化”治理方式下的精细化乡村治理组织体系

这一阶段，在城市社区广泛应用的“网格化”治理也逐渐推广到农村治理之中。网格化管理最初源于2005年北京市东城区以1万平方米为基本单位，将管理区域划分成若干个网格单元的城市管理模式，此后广被学习和扩散。2007年以来，浙江省舟山市回应农村社会发展新需求，推行“网格化管理、组团式服务”。但部分地区乡村治理中的网格化功能较为单一，例如主要承担居民诉求与公共服务的职能。长期以来，激发乡村内部治理力量是乡村治理创新探索的重要方面。2013年，十八届三中全会通过的《中共中央关于全面深化改革若干重大问题的决定》中提出“网格化管理”，网格化管理逐渐在城市社区推行，并向农村地区推广。“网格化”治理是利用村民建立的治理网络，进一步发挥村民治理力量的精细化治理。“网格化”管理的根基是内向的管理，其目标是在一定程度上恢复乡村的“熟人社会”，增加村民之间、干群之间社会联系的厚度，它成为税费改革后国家权力下沉至乡村社会的重要方式，是乡村治理的重要载体。换言之，“网格化”治理是对乡村内部治理力量的激活和组织化，有益于深化村庄的自治性。但“网格化”治理的有效性受村庄自身特征所影响。相对而言，这一治理方式更适用于工业型地区的乡村治理。如今，“网格化”治理方式得到进一步完善，并在更多地区推广应用，更多现代化技术注入“网格”之中，实现电子化、信息化管理等。

4.“新乡贤”力量参与治理

随着“三农”问题的复杂性不断凸显，以及乡村人才和劳动力的快速流失，乡村治理面临的难题也愈发增多。2011年之后，“新乡贤”概念频繁出现在乡村治理的相关报道和研究之中。一些地区还成立乡贤议事会帮助解决村庄内的矛盾和纠纷等问题。国家在政策设计等方面也有意鼓励发展乡贤文化和乡贤制度，来帮助解决乡村治理面临的困境。而就“新乡贤”这股治理力量而言，其源于但又不等同于传统的乡绅，这一群体的本质特征在于有能力、有意愿参与乡村公共事务。对于当下的乡村治理格局而言，“新乡贤”成为乡村社会丰富的基层治理资源。可以说，“新乡贤”群体“逐渐成为嵌入农村网格化管理的一股潜在力量”，他们既可能是村庄内部的村民，也可能是与村庄有关联的外部力量。一些村庄甚至相继建立乡贤理事会。乡贤理事会作为一种新型社会组织参与乡村治理，代表着一种新型乡村治理结构的出现。随着乡村问题愈发复杂，城乡二元结构的矛盾凸显，乡村内在治理力量有所弱化，乡村治理主体在村民自治和政府治理之外有了更多扩展。换言之，村民和政府之外的主体在乡村治理中的参与程度不断提升，乡村治理呈现出主体多元化的现实需求和发展趋势。

总结来说，这一阶段我国乡村治理从制度建设和法治保障方面都助推村民自治的发展。村庄自治组织是村庄日常事务治理的主要主体，其中以村党支部为核心领导。同时随着村庄人口流失等现实影响，乡村治理面临诸多困难。而与此同时，乡村治理进行了“一肩挑”、“网格化”治理以及“新乡贤”治理的探索和实践，村庄自治不断深化和完善。但由于村庄是接受一系列农村社会政策的最基本社会单元，加之其日常活动开展离不开政府财政支持，乡村治理不可避免地在不同程度上会受到基层政府的影响。

（三）治理内容：从农业问题到“三农”问题

农业生产始终是农村发展的核心问题。随着第一个中央“一号文件”的问世，农业问题成为治理的重点。21世纪初，“三农”概念被提出并被纳入国家顶层设计之中，国家对农村的关心从农业扩大到了农民以及农村社会，这意味着基层乡村治理的内容也会大大丰富，例如维护和保障农民基本权益的社会政策，促进农村社会发展的社会政策等。整体上来看，乡村治理内容实现了从农业问题到农业、农村、农民“三农”问题的丰富和拓展。

1.促进农业生产发展

促进农业生产发展依然是这一阶段乡村治理的重要内容。1982年，党中央出台了第一个瞄准农村问题的“一号文件”——《全国农村工作会议纪要》，此后四年连续发布中央“一号文件”。其中对农业发展和农村经济发展作了诸多定位和指示。例如解决农业生产责任制、农村商品流通、农业科学技术等农业相关问题，提出不断推进家庭联产承包责任制、推行农村合作制度等。同时，还包括实行计划生育、水电路等基础设施建设等与促进农业发展相关的政策制度。此外，这一阶段的前半期，基层还延续了传统的农业税征收业务。与之相应，调和因税费等相关问题而产生的干群矛盾成为基层治理的重要内容。

2.提升农民基本福祉和促进农村发展

2000年，李昌平首次提出“三农”问题，引起中央对“三农”问题的关注，并使“三农”问题成为国家治理的重要内容。虽然此前，我国乡村治理也涉及农业生产之外的其他农村问题，但关注不足。“三农”问题的提出，使得国家基于农业、农村、农民一体化解决农村问题，农民问题和农村社会发展问题也愈发得到重视。而这些顶层设计的变化直接渗透到基层的乡村治理之中，使乡村治理中落实了更多民生类社会政策。

在农民问题上，乡村治理愈发重视不同农民群体的社会保障和公共服务供给问题。虽然20世纪末，部分农村地区开始尝试建立针对农民的民生政策，例如“老农保”等，但整体上政策种类稀少，政策水平较低，与农民群体的实际需求和经济能力的匹配度不高，政策效果不明显。进入21世纪之后，农村地区开始大力建设民生社会政策体系。2004年的中央“一号文件”重点讨论了农民增收问题，并提出一系列的举措，具体包括农民技能培训、农村基础设施建设以及农村税费改革等。同年，国家提出“和谐社会”的建设要求，这意味着社会治理要协调不同群体之间的关系，尤其是要关注弱势群体等群体及其福祉的提升。由此，国家不仅实施了一系列针对农村贫困人口的扶贫政策，还在农村地区实施了很多解决民生问题的社会政策，如新型农村社会养老保险政策、新型农村合作医疗政策、义务教育“两免一补”政策、最低生活保障制度等。此外，对“三留守”群体的社会问题也有所关注，例如留守老人的养老问题、留守儿童的教育问题等。对此，国家实施了一系列保障“三留守”群体权益的举措。整体而言，在21世纪的前10年，我国在农村地区实施大量社会保障政策和供给不同的基本公共服务等，明显提高了农民的基本福祉。

在此阶段，国家针对乡村发展确定了不同的发展目标，例如扶贫开发、新农村建设等。改革开放初期，我国提出了建设小康社会的目标，但当时我国还存在大量人口贫困问题，尤其是农村地区。消灭贫困成为实现小康目标所必须解决的问题。于是，20世纪80年代，我国在部分农村地区开始了扶贫工作。21世纪以来，农村贫困治理的范围和程度不断扩大。中共中央、国务院先后下发了《中国农村扶贫开发纲要（2001—2010年）》《中国农村扶贫开发纲要（2011—2020年）》《中共中央、国务院关于打赢脱贫攻坚战的决定》等贫困治理的统领性文件。这些文件中都包含了大量的具体减贫政策，涉及搬迁、医疗、教育、住房等方方面面。从贫困村和贫困人口的确定，到每一项具体减贫政策的落实，都必须依托行政村来完成，而且扶贫开发也融入国家对农村发展的总体规划指导之中。

2006年发布的《中共中央、国务院关于推进社会主义新农村建设的若干意见》，提出了建设社会主义新农村的重大历史任务（见表2-2）。新农村建设不仅包含了农业发展相关内容，还涉及农民增收、农村基础设施建设、农村社会事业发展等方方面面，而且重视城乡统筹工作，乡村治理中更加强调城乡二元的社会背景，治理内容也自然更复杂，治理难度更大。此后，新农村建设的要求不断提高，乡村治理内容也不断丰富。中共十六届五中全会提出“生产发展、生活宽裕、乡风文明、村容整洁、管理民主”等新农村建设的具体要求。由此也产生了美丽乡村建设等工作。这些针对乡村开展的一系列治理活动都成为乡村治理的重要内容，也极大地促进了乡村社会的整体发展。

表2-2 2006年中央“一号文件”主要内容

分类	具体内容
现代农业	农业科技创新和转化、农村现代流通体系建设、粮食生产、农业结构调整、农业产业化、循环农业
农民增收	拓宽增收渠道、农民工合法权益保障、农业和农民粮食直补、扶贫开发
农村基础设施	农田水利、耕地质量、生态建设、基础设施、村庄规划、人居环境
农村社会事业	义务教育、技能培训、卫生事业、文化事业、社会保障制度
其他	金融改革、培育社会化服务组织

资料来源：笔者根据《中共中央、国务院关于推进社会主义新农村建设的若干意见》内容整理所得。

三、乡村振兴战略实施以来的“融合治理”阶段（2017年之后）

这一阶段的乡村治理依然延续上一阶段“乡政村治”的建制结构，但由于社会主要矛盾发生转变，乡村治理现实问题更加复杂，国家对乡村社会有了更高的发展要求。因此，乡村治理在此前的“乡政村治”基础上又有所突破。党的十九大报告中提出实施乡村振兴战略，建构自治、法治、德治相结合的乡村治理新体系，以新的体系化建设更好地服务于乡村振兴。乡村治理创新是实现乡村振兴的重要保障。可以说，乡村振兴战略开启后，我国乡村治理表现出明显的融合治理的特征。在此过程中，治理维度上更加多面，治理主体上更加多元，治理组织体系更加丰富和完善，治理区域间有了更多合作和互动，由此逐渐向治理维度和治理方式融合、治理主体和行政区域不断合作的“融合”性治理格局发展。

（一）治理特征：融合治理

乡村是多维治理共同作用的场域，既有依靠内部主体和内部规则进行治理的自治，也受国家自上而下的层级治理的影响。随着城镇化的快速推进和城乡融合发展，乡村治理不仅仅沿用过去的自治方式，更涉及法治、德治、智治等治理方式；乡村治理不仅仅是某一村域的治理，还涉及不同村域以及与城市之间的融合治理。

1.“三治融合”的再创新

我国农村实行村民自治制度，这是体现我国特色的农村基层民主政治制度。因此可以说自治是我国乡村治理体系的核心制度。在全面推进依法治国的进程中，基层治理的法治化不断强化。2018年中央一号文件《中共中央、国务院关于实施乡村振兴战略的意见》中提出了“法治乡村”的概念，进一步加强了农村基层法治的重要性和建设力度。此后我国呈现出“三治融合”的乡村治理发展趋势。“三治融合”是自治、法治、德治的融合，它源于对“枫桥经验”的总结和提炼。2017年，浙江桐乡的“三治融合”基层治理框架系统基本成形。此后，“三治融合”作为一种新时代基层治理创新模式，被纳入顶层设计之中和自上而下推广实践。“自治是法治与德治的基础，法治是自治与德治的边界和保障……德治以自治与法治为基石，并对自治与法治形成有力补充”。三者之间相互作用，相辅相成。换角度而言，自治是内生治理；法治是外力治理；德治是依托文化的软治理，它贯穿于内生治理与外力治理之中。因此可以说，“三治融合”强化了乡村治理由内向外和由外向内的双向度治理的特征。虽然“三治融合”探索已形成一定的融合模式，达到一定的融合效果，但“三治融合”的治理实践中还面临诸多困难和挑战。例如德治基础缺失、自治参与广度不足、村规民约操作性有待加强、民主评议与公共法律服务满意度较低等现实问题。相关主体的“缺位、越位、卡位”、村治组织的弱化以及治理规则的断层等问题影响“三治融合”对改善乡村治理的效果。此外，虽然

“三治融合”得到广泛的讨论和实践，但由于城乡关系局限、地区间发展差距较大以及村庄间资源禀赋不同，不同地区的“三治融合”实践和探索差异较大，存在“三治”发展不均衡或者融合程度不高等问题。例如部分地区受传统文化和宗教文化影响，自治和法治程度不足；部分地区农民的主体意识不强和组织性较差，村民参与自治的程度较低。

从社会大环境来看，互联网、大数据、云计算等技术变革的发生，为治理体系和治理能力现代化拓展了新路径，即政府数字化转型。从乡村发展趋势来看，数字乡村也是当下乡村重点发展方向之一。2018 年和2019年的中央一号文件中分别提出“实施数字乡村战略”和“加强国家数字农业农村系统建设”。在此基础上，《数字乡村发展战略纲要》以及《数字农业农村发展规划（2019—2025年）》两份“文件”先后出台，国家开始大力推进数字乡村建设工作。乡村治理数字化则是其中一项重要内容。技术基础和制度环境共同决定了乡村治理数字化建设的必然性和必要性。乡村治理数字化就是利用现代信息技术对乡村治理机制、方式和手段进行数字化改造。数字化治理可以被理解为一种“智治”，也就是充分利用“互联网+”时代下的云计算、大数据、人工智能技术，推进治理的科学化和智能化，在技术渗透的过程中拓展治理路径，提升治理能力。“智治”包括治理在技术路径方面的探索，通过技术赋能提高治理能力。郁建兴以“整体智治”来阐释“智治”，具体包括政府的数字化转型、整体化的治理实践以及精准高效的需求回应。近年来，地方政府纷纷通过物联网、App平台等现代信息设备和技术提升“智治”水平。虽然受地区发展差异影响，“智治”并未在全国全面铺开，但已成为乡村治理的重要组成部分和探索方向。由此可见，“智治”是以新兴技术提高治理精准度和效果。“智治”的实现要求乡村具备理解和熟练应用现代技术的治理力量，这对传统的自治力量带来挑战。为此，部分地区在充实基层自治组织时提出了治理力量年轻化的具体比例要求。整体上看，随着“智治”的不断建设和发展，我国乡村治理体系逐渐对“三治融合”进行新的探索与扩展。

2.城乡融合中的合作治理和毗邻地区的合作治理

在快速城镇化进程中以及城乡融合发展的过程中，我国产生了大量易地搬迁户，其中迁入城镇者居多。虽然我国已取消农业户口，但城乡之间的制度壁垒和流动障碍一直存在，致使易地搬迁有了诸多挑战和困难，其中治理问题尤为突出，主要表现在城镇安置小区的治理。例如农户定居于城镇的社区，但户籍仍保留在迁出村，导致其日常生活管理发生在社区，但与身份相关的社会保障等事务则仍需迁出村处理。迁出地和迁入地短时间内没能厘清对搬迁户的管理职能，有时会导致“管理无门”或管理混乱的现象。在理顺易地搬迁居民的治理秩序的过程中，需要迁出地和迁入地合作治理。

同时，在新发展理念的指导下，区域一体化成为重要发展趋势，其中以长三角一体化为典型代表。2018年11月，习近平总书记提出支持长江三角洲区域一体化发展，并将其上升为国家战略。2019年12月1日，中共中央、国务院印发了《长江三角洲区域一体化发展规划纲要》，提出社会治理共建共治共享格局的方向。这对长三角地区的基层治理探索也产生了一定的影响，部分跨省（市）的毗邻村庄之间开始探索基层毗邻治理，典型代表为上海市和浙江省嘉兴市的南、北山塘两村的毗邻治理模式。南、北山塘两村仅一河之隔、一桥相连。二者在自然地理禀赋和文化资源等方面高度相近，村民间来往较多。2004年，时任浙江省委书记习近平给嘉兴提出了要发挥好接轨上海桥头堡作用的指示要求，这为嘉兴和上海的基层合作治理奠定了基础。2017年6月，南、北山塘村组建了沪浙山塘联合党支部，开启了毗邻党建引领跨区域基层治理的探索之路。疫情期间，应疫情防控需求，进一步强化了两村的合作治理。例如两村建立了一个联合防护网，建立共商共议机制，从而更有效地掌握和监管人员流动情况。目前，建立共建共治共享的治理体系不仅是长三角一体化建设的重要内容，而且是我国“十四五”规划的重要内容。《中共中央关于制定国民经济和社会发展第十四个五年规划和二〇三五年远景目标的建议》中进一步强调，要“完善共建共治共享的社会治理制度”。这意味着我国的治理体系在具体实践和探索中有了“合作治理”的特征。

（二）治理主体：主体多元化，社会组织在基层治理中的作用不断凸显

“融合治理”阶段的乡村治理表现出明显的多元主体协同参与的特征，即主体之间的合作治理。而多元治理主体中，组织是重要组成部分。近几年，不仅各类内生性村庄社会组织有所发展和强化，外生性社会组织在乡村治理中的参与程度也愈发加深。

1.脱贫攻坚助推基层治理力量下沉和内生动力挖掘，强化乡村治理的组织力量

近年来，探索治理创新一直是政府重要工作内容之一。党的十九大之后，中央高度重视“一肩挑”制度，并将村级组织负责人“一肩挑”作为新时代农村治理的重要方式进行全面推广。与此同时，脱贫攻坚过程中，我国采取了很多超常举措助力减贫，也探索和创新出一些有效的治理方式。例如实施驻村第一书记和驻村帮扶工作机制，实现治理力量和治理资源下沉，促进贫困村和贫困人口脱贫；省、市、县、乡、村五级书记抓扶贫；与高校等社会主体合作，建立第三方评估机制等制度探索。脱贫攻坚结束后，多年的贫困治理探索实践反过来促进我国乡村治理体系的完善和优化，部分贫困治理经验也延续至当下的乡村振兴建设过程之中。例如，2021年，中共中央办公厅印发《关于向重点乡村持续选派驻村第一书记和工作队的意见》，其中明确“总结运用打赢脱贫攻坚战选派驻村第一书记和工作队的重要经验，在全面建设社会主义现代化国家新征程中全面推进乡村振兴，巩固拓展脱贫攻坚成果”。但不同于脱贫攻坚只作用于部分村庄，乡村振兴涉及所有村庄，需要根据村庄特征，因地制宜地调整第一书记和工作队机制的具体方式、时间以及人员要求等。可见，脱贫攻坚对基层治理体系的影响是深远的。

与此同时，脱贫攻坚和乡村振兴特别强调培育和激发乡村发展和治理的内

生动力。在实践过程中，乡村治理的内生力量的激发已经具体到老人、妇女等群体。例如在乡村振兴中，一些地方通过赋予留守妇女群体以合法的体制性身份,实现社会的再组织化，再造了乡村文化建设的治理主体。新冠肺炎疫情期间，乡村社会的疫情防控工作中多用到微治理或“网格化”治理，二者本质上都是组织村庄内部力量有序参与村庄公共事务。此外，日渐成熟的农村经济合作组织在乡村治理中的发言权也不断增强。整体上来看，我国农村逐渐形成了以村党支部委员会和村委会为核心，村庄其他内部组织力量为辅助的乡村治理格局。

2.社会组织的乡村治理参与度不断提高

随着社会治理整体的发展，社会组织逐渐进入乡村治理范畴，成为乡村治理的重要主体之一，通过基层治理创新构建行之有效的治理模式和治理体制。政府与社会组织以及高校等社会主体之间的合作成为实现公共产品和公共服务供给的重要路径。此处的社会组织主要是“在县级以上民政部门登记的社会团体、基金会、社会服务机构（民办非企业单位）等”。它不同于村庄内部自发形成的组织，更多的是一种外部力量。在乡村振兴战略背景下，社会组织对乡村治理有着独特意义和价值，例如提供社会服务、助力乡村建设、参与基层治理、带动乡风文明等。2019年6月，中共中央办公厅、国务院办公厅印发实施的《关于加强和改进乡村治理的指导意见》中指出，要建立健全党委领导、政府负责、社会协同、公众参与、法治保障、科技支撑的现代乡村社会治理体制。党的十九届四中全会通过的《中共中央关于坚持和完善中国特色社会主义制度、推进国家治理体系和治理能力现代化若干重大问题的决定》中指出，在构建基层社会治理新格局中要发挥群团组织、社会组织作用。在“十四五”期间，高质量发展成为主题，愈发重视激活、挖掘和强化社会组织在公共管理中的主体性作用，鼓励社会组织参与公共产品和公共服务供给。例如《浙江省民政事业发展“十四五”规划》中明确要促进社会组织的规范发展，鼓励社会组织参与政府相关治理活动。由此，社会组织逐渐嵌入乡村治理之中，乡村治理形成政府和村“两委”为指导、民间组织为力量补充和个人（精英）为自治核心的多元主体参与治理的格局。需要特别指出的是，在这种多元主体参与治理的格局中，社会组织等非制度性主体的参与程度不断提高，多元主体在治理过程中的合作不断强化。

（三）治理内容：从脱贫攻坚到乡村振兴

十九大以来，我国乡村治理主要围绕打赢脱贫攻坚战和实现乡村振兴两大核心任务展开。虽然贫困治理自20世纪80年代就已开始，但直到十八大，尤其是脱贫攻坚以来，贫困治理才被放置于核心地位，几乎统筹了大多数村庄的整体治理内容，涵盖了治理方式、公共产品和公共服务供给等多方面的实践、探索和创新。脱贫攻坚最后攻关期间，脱贫任务艰巨，成为基层治理的重中之重。贫困治理内容具体包括道路、水电等基础设施建设，医疗保障、养老保障、社会救助等社会保障政策完善，教育、就业、技能培训等公共服务供给，以及金融、产业、易地搬迁等其他方面的建设，基本覆盖了农村治理所有内容。同时增加对贫困人口、低收入人口或贫困边缘人口的社会政策倾斜。通过一系列“授人以鱼”和“授人以渔”的方式，保障贫困人口的基本福祉，加强贫困人口的抗逆力。经过多年的努力，我国于2020年实现现行标准下贫困人口全面脱贫的目标，基本解决了绝对贫困的问题，进入全面乡村振兴阶段，乡村振兴开始统领乡村治理全局，而且部分贫困治理工作仍延续到2020年之后的乡村振兴之中，例如巩固脱贫成果，防止返贫或者产生新的贫困人口。不同于脱贫攻坚，乡村振兴涉及的村庄范围更广，事务更多，是统领基层治理的重要战略。

此外，因生态环境的特殊意义及其与发展的紧密关系，生态环境的保护和治理也逐渐成为社会治理的重要内容之一。21世纪以来，环境问题成为我国社会治理需要解决的重要问题。2017年，“绿水青山就是金山银山”理念写入十九大报告和党章，生态文明建设的重要性被提升到前所未有的高度，融入乡村统筹发展的战略规划之中。乡村振兴战略将生态宜居列为五大内容之一，要求到2035年基本实现农村生态环境根本好转和建设生态宜居的美丽乡村的目标。生态宜居是实现乡村振兴的关键。在美丽乡村、生态文明等建设过程中，乡村生态环境治理的内容不断丰富，在乡村治理全局中的权重也不断增加，具体涉及家禽粪污、村庄绿化、垃圾分类、卫生厕所等人居环境整治的方方面面。在生态文明建设过程中，我国农村环境治理明显改善，但农村地区幅员辽阔，污染源复杂，治理难度较大。由于农村居民的生活习惯以及受教育水平等综合因素影响，农村在垃圾分类、人居环境等方面的工作推行中存在较大障碍和挑战。因此，生态环境问题成为近年来我国乡村治理的主要内容之一。

四、新时代乡村治理体系与治理能力现代化的发展要求

促进乡村治理体系现代化是建立健全乡村治理体系的时代使命。2019年《中共中央关于坚持和完善中国特色社会主义制度　推进国家治理体系和治理能力现代化若干重大问题的决定》指出，坚持和完善中国特色社会主义制度、推进国家治理体系和治理能力现代化，是关系党和国家事业兴旺发达、国家长治久安、人民幸福安康的重大问题。党的十九大报告强调，加强农村基层基础工作，健全自治、法治、德治相结合的乡村治理体系。加强村民自治机制的建设，构建政府、村民、社会组织、市场等多元主体共同参与的现代乡村治理体系，为乡村振兴和乡村治理现代化进程指明了方向。从乡村治理体系和治理能力现代化推进情况来分析，一是需要深化体制改革，优化国家权力介入乡村社会的过程、方式和权限，从政社分离向政社协同转变；二是需要进一步培育和发展乡村社会力量，提高农民的主体性和村庄的自主性，让乡村治理能够保持与外部经济社会发展相一致的节奏。

（一）构建完善的乡村治理体系

加快构建以党组织为核心，自治、法治、德治相结合的乡村治理体系。以自治激发乡村治理的活力，以法治保障乡村社会的公平，以德治引领带动乡村社会风气净化，将乡村治理成本降到最低。按照扩权强镇、富民兴村和依法下放、能放就放的原则，依法依规赋予乡镇更大的经济社会管理权限，构建功能完善、权责一致的管理体制。加强乡镇党委的龙头作用，健全乡镇、村（社区）党组织的运作体系。加快法治型政府和服务型政府建设，提升统筹乡村发展、组织公共服务、实施综合治理、维护辖区平安的能力。深入推进“天网工程”“雪亮工程”“互助联防”建设，建设县（市、区）、乡镇（街）、村公共安全视频监控系统三级联网。依法厘清乡镇和村（社区）党组织、自治组织、社会组织、集体经济组织的职责边界和事权划分，建立公共服务事项管理制度，制定严格的村级事务统一归口管理、审核准入制度。构建以村党组织为核心，村民会议或村民代表会议决策，村民委员会执行，村务监督委员会监督，群团组织、集体经济组织、农民合作组织、社会组织为补充的“一核多元、合作共治”村级治理体系。

（二）推进现代乡村服务体系建设

推进网络化、信息化服务平台的创建，加快实现现代服务体系在农村全覆盖。建立稳定、便捷、畅通的民情上达新通道，形成覆盖市、县（区）、乡镇（街）、村（社区）的民情收集网络。整合优化公共服务和行政审批职责，打造“最多跑一次”“一门式办理”“一站式服务”的综合服务平台。加大“四级联动”服务监督机制的推广力度，扩大在农村社会的覆盖面。在行政村普遍建立网上服务站点，逐步形成完善的乡村便民服务体系。大力培育服务性、公益性、互助性农村社会组织，积极发展农村社会工作和志愿服务。健全以群众满意度为主要衡量指标的评价体系和结果公开办法，建立严格规范的治理责任考评和追责机制。利用现代科技手段服务农民，实现服务体系的现代化、信息化与便捷化，帮助解决农民面临的生产、生活问题，逐步提高农民生活的满意度和幸福感。

（三）加强农村社会组织培育

在现代乡村社会治理过程中，利用各类组织来推进乡村社会内部村民之间的社会关系与社会资本的建设，是促进乡村治理体系现代化的关键内容之一。利用农村社会组织可以有效地形成村庄内部的集体行动力，以此来整合村庄内部的治理资源，提升村庄的博弈能力，重建乡村内部秩序，促进乡村社会融合，开展公共事务治理等。可见，推进乡村社会组织的构建已成为实现乡村治理体系现代化的一种重要的选择路径。完善针对乡村社会组织的公共财政投入、税收优惠和购买服务等机制，设立社会组织的专项基金，重点培育各类促进农村经济社会发展、公共事务治理、公益慈善工作、矛盾纠纷调解的社会组织，切实推进乡村治理机制的稳步建设。建立健全农村社会组织内部的治理结构，对已有的社会组织进行改造，构建具有法人结构的社会组织治理体系，围绕社会组织章程构建起多元、独立、自愿的社会组织理事会治理框架，使得社会组织的决策权、执行权和监督权分离并协调一致，形成边界清晰、结构合理、功能完善的现代乡村社会组织。整合各类社会组织的机构和功能，把具有相似功能的社会组织进行统一化组织，利用组织化机制来促进各类社会组织的整合与协调，提高社会组织在实际工作中的组织和领导效能，切实把村民组织起来参与各类公共活动，增强村庄内部村民的组织化能力。

（四）深化基层体制改革

从当前的基层体制情况来看，乡镇政府是联系国家权力和乡村社会的重要连接点，也是国家治理体系和乡村治理体系的互动平台和关键环节。所以，推进乡村治理体系现代化首要的任务就是深化基层体制改革，从管理型政府向服务型政府转变。精简基层政府的机构，转变工作职能，对相关职能部门和机构进行统一调整与改革，整合具有相似职能的各类机构，提高基层政府在乡村治理过程中的效率。改革基层政府的绩效考核方式，强化责任落实机制，根据农村发展的实际情况，由各村庄自主制定相应的经济社会发展指标，并结合多样化、多层次的考核指标来考查村庄发展情况。利用各类激励机制来促进乡村治理体系建设，让村民成为农村社会发展的主体，按照农民自身的发展要求来推进乡村经济社会发展和乡村治理体系建设。进一步改革基层政府的治理权限，让基层政府在开展乡村治理过程中具有相对独立的决策权、治理权，提高对乡村社会有效治理的效果，减少基层政府对乡村社会资源的控制和利用，减少各种权力关系过多地影响乡村治理体系现代化的过程，尽可能地促进乡村治理的自主性、独立性与有效性。

第三章

公共服务与乡村治理现代化

健全基本公共服务体系，提高人民生活品质，是实现和维护最广大人民根本利益的体现。2020年10月，《中共中央关于制定国民经济和社会发展第十四个五年规划和二〇三五年远景目标的建议》提出，到2035年基本实现社会主义现代化远景目标，基本公共服务实现均等化，城乡区域发展差距和居民生活水平差距显著缩小。在此背景下，突出农村公共服务的优先发展具有重要的意义。农村公共服务供给存在“量”与“质”两方面的问题。“量”方面的问题主要是农村人口众多，而人均享受的公共服务相对较少，公共服务供给的总体水平落后于城市地区，难以满足农村人口日益增长的需求。“质”方面的问题主要是农村公共服务供给存在结构不均衡、效益不够明显、质量不高等现实困境。由此，农村公共服务“增量提质”的常见手段在于加大农村公共服务的投入力度，补齐服务短板；同时也需要推动公共治理创新，更新治理手段，提升公共服务供给效率和效益。

农村公共服务的发展需要从社会总体发展的视角进行考量。从时间维度看，提高农村公共服务供给水平和效果，是一个社会历史发展的过程，即符合社会生产力和供给能力逐步提高的动态特征。新时期我国政府对农村基本公共服务的供给范围和规模是前所未有的，这依赖于我国现代化建设所取得的进展和现代化建设的总体水平。只有国家综合国力提升，才能为农村基本公共服务发展提供坚实的基础和必要的前提条件。从结构维度看，乡村公共服务落后的困境体现了城乡区域之间的公共服务历史积累和分配的不均衡以及供给体制上的不均衡。这些问题在一定程度上折射了乡村公共服务供给的公平价值偏向以及供给过程的"耗散"低效，需要通过政府和需求主体之间的良性互动，强化理性自觉和制度设计，改变公共服务供给的空间不均衡和内在体制障碍。从外部性维度看，解决农村基本公共服务供给不足和均等化问题不仅事关区域农民的切身利益，更事关全面建成小康社会的建设目标，有助于推动服务型政府转型，提高广大群众的满意度，实现国家的长治久安。

一、新时代乡村公共服务的内涵与特点

乡村公共服务直接满足了广大农民的基本需求，是解决"三农"问题的重要内容，但明确乡村公共服务的内涵是分析问题和解决问题的基本依据。一方面，乡村公共服务具有"物"的客观性，即每一项公共服务都是可以衡量和检测的客观存在。基于经济学理论，公共服务表现为公共产品属性。根据公共产品的非排他性和非竞争性属性，乡村公共产品可以划分为纯粹型公共产品、混合型公共产品。前者有社会治安、技术推广、农村道路建设等，由于无法收费，一般由政府来承担这类公共产品的供给；后者有电力、教育、医疗等，可以通过付费来购买服务，由此有条件进行市场化运作，或者在政府的诱导激励下进行私人供给。根据乡村公共产品的功能，可以将其划分为生产性公共产品、非生产性公共产品。前者有水利灌溉、道路运输、电力供应、农技推广、病虫害防治等；后者有教育文化、医疗卫生、社会保障、行政服务、社会治安等。或者可以进行更具体的划分，包括发展性服务支持体系（如公共文化、科技研发、农技信息、科技推广、农业贷款、生态保护）、生产性服务支持体系（如农田水利、病虫害防御、农资购买、农产品销售渠道）、保障性服务支持体系（如最低生活保障补助、养老保险、医疗健康保险）、生活性服务支持体系（如水电、沼气、固定电话、道路、医疗卫生、义务教育）。另一方面，乡

村公共服务一般是由政府承担供给职能，这时政府为了体现公共服务的输出效度，需要对公众的需求进行厘定，并以此确定供给的基本标准。此时，在很大程度上体现了国家对群众公共服务满足的接纳范围。新时代，我国在综合国力发展的基础上已经扩大了公共服务供给的范围。根据《国家基本公共服务标准（2021年版）》，基本公共服务项目可概括为“七有”“两个保障”，即包括幼有所育、学有所教、劳有所得、病有所医、老有所养、住有所居、弱有所扶和优军服务保障、文化服务保障，涵盖了9个方面、22大类、80个服务项目。总体而言，乡村公共服务具有人民性和阶段性特点。

（一）人民性突出了乡村公共服务较强的主体依附性特点

首先，公民是公共服务的需求主体，享有基本公共服务是其基本权利，公民可以通过一定方式向政府或自治组织提出服务消费的需求。农村地区范围广阔，农村居住人口尽管近年来持续下降，但根据第七次全国人口普查数据，其总数仍有50979万人，占总人口数的36.11%。没有解决好农村人口的生存和发展问题，也就无法真正实现全面小康社会目标。其次，人民性彰显了中国特色社会主义国家的服务宗旨。习近平总书记强调，做好党和国家各项工作，必须把实现好、维护好、发展好最广大人民根本利益作为一切工作的出发点和落脚点，更加自觉地使改革发展成果更多更公平惠及全体人民。政府等作为乡村公共服务的主要供给主体，应该回应人民群众需求，并创造条件来保障这种需求的实现。公共服务供给便成为政府的一项重要职责，降低和减少公共服务的供给容易引发群众的不满，降低公民对体制合法性的认同度。

农村居民对基本公共服务的需求总体上呈现了马斯洛需求层次特点：第一层次主要是满足农村居民最基本的健康、生存的生理需求，如生活便利、医疗设施等；第二层次主要是满足农村居民的安全需求，如社会治安、社会保障等公共服务；第三层次主要是满足农村居民的社交需求，如交通设施、网络设施、文化广场等公共服务；第四层次主要是农村居民的尊重需求，如设施环境提升、意见接纳；第五层次主要是农村居民的自我实现需求，如教育设施、文化等公共服务。乡村自治管理本身不是一种公共服务，但公共服务供给涉及集体意志的表达。在公共服务供给过程中，居民参与民主选举、民主决策、民主管理、民主监督过程。居民参与的结果不仅可以改善公共服务提供的满意度，其本身的外部性效应还包括居民当家做主所带来的自我实现的价值评价。

在乡村基本公共服务的供给结构中，存在多元主体参与的可能。不可置疑的是，政府始终承担着基本公共服务的提供者、规划者、管理者的角色。随着治理方式的改革，政府可以通过直接生产公共产品的方式来实现基本公共服务供给的责任，也可以通过各种公私伙伴关系，使用激励、扶持、购买等方式鼓励市场、社会组织介入基本公共服务的供给过程，在发挥政府托底服务功能的同时，也可以减轻政府负担，提高公共服务供给的效率。

（二）阶段性强调乡村公共服务的变迁过程

乡村公共服务围绕人的需求以及与之相应的制度设计，呈现出阶段性的特点。20世纪50年代，“楼上楼下，电灯电话；耕地不用牛，点灯不用油；饭前葡萄酒，饭后水果糖”是农村建设和发展的理想目标。而在新时代，这些目标早已实现，在乡村振兴背景下，“产业兴旺、生态宜居、乡风文明、治理有效、生活富裕”又成为新的发展目标。根据乡村公共服务的基本内容，有些公共服务是满足人们的基本需求，且在不同的历史阶段都没有发生变化的，如生活、医疗、教育等基本需求，具有稳定性。也有一些公共服务是适应现代生活环境的变化所产生的新的需求，如随着手机、电商的出现而产生宽带、移动网络等需求；现代农业发展使科技服务和职业教育等方面的需求变得更为迫切。

乡村公共服务供给的水平不仅受制于历史环境因素，也直接受到制度因素的影响。乡村基本公共服务的供给失衡问题可以归结为社会巨变过程所凸显的问题，而隐藏在背后的是深刻的制度根源。在生产力落后的社会环境中，政府将乡村公共服务摆在优先发展的地位，往往能够取得显著的成就。1965年6月26日，毛泽东提出“把医疗卫生工作的重点放到农村去”，广泛建立农村合作医疗制度和赤脚医生制度，有效地解决了农村贫困地区缺医少药问题，改善了城乡医疗资源分布不平衡状况，成为发展中国家建立初级卫生保健模式的“中国样板”。相反，在经济快速发展的历史阶段，如果政府将GDP和工商业发展放在突出地位，忽视对基本公共服务的投入，或者政府将更多的医疗、教育等资源向城市集中，则容易导致基本公共服务的结构性失调和区域失衡。

根据乡村基本公共服务制度变迁的特点，可将我国乡村基本公共服务大致分为“新中国成立前阶段”“新中国成立初期至人民公社时期”“家庭联产承包责任制时期”“税费改革之后”四个阶段。不同学者对此有不同的观点：有的学者以新中国成立后为起点，将乡村公共服务分为“人民公社时期”“家庭承包制到税费改革前”“税费改革全面铺开以后”三个阶段。也有学者将这一时期的乡村公共服务分为“过渡时期”“人民公社时期”“家庭联产承包责任制时期”“税费改革时期”。还有学者从更长的历史时期来考察乡村公共服务，即将其分为“古代与近代”“建国初期至人民公社时期”“家庭承包责任制时期”“税费改革以后”四个阶段。

新中国成立前阶段。这一阶段包括长期的奴隶社会和封建社会，由于生产力普遍落后，政府的供给能力十分有限，国家没有建立正式的、全覆盖的公共服务体系，广大群众无法享受到医疗、教育等公共服务。公共服务呈现规模小、碎片化、随意性大的特点。资源主要集中在少数权贵阶层，只有在饥荒、洪涝等严峻形势下，统治阶级才会推动公共服务向重点群体倾斜，以缓解社会矛盾。

新中国成立初期至人民公社时期。新中国成立后，安定团结的社会秩序使人民能够安居乐业，土地所有制等改革使长期被束缚的农村生产力得到解放，社会经济发展处于恢复期。这一阶段，国家对政治、经济、文化等各个领域全面推进制度创新，在供给制度与体制方面也进行了初步尝试，乡村公共服务的供给力度不断扩大。1949—1952年，国家已经逐步形成了失业救济制度、劳动保险制度、公费医疗制度、教育制度等一系列制度，这一时期处于公共服务的初创时期，初步建立了基本公共服务体制的雏形。同时，国家（单位）包揽、城乡分割的供给特征开始显现。根据相关统计，1952—1978年，国家实施工业优先发展战略，扣除国家财政用于农业的支出，农业资金净流出量达到3832亿元，平均每年为142亿元。

家庭联产承包责任制时期。这一时期，我国基本公共服务体制适应了改革开放和市场经济改革的需要，建立了覆盖不同领域的基本公共服务体系。教育、医疗、住房等基本公共服务的市场化改革开始逐步推广，居民消费公共服务的负担也开始显现，如医疗卫生领域出现了“看病贵、看病难”等问题。由于制度内供给不足，乡村公共服务依赖于制度外供给。与此同时，城乡之间、地区之间的基本公共服务差距还在扩大，基本公共服务均等化成为政府必须应对的重要难题。

税费改革之后。由于农业税的取消，基层政府的财政能力被削弱，公共服务供给的能力受到影响。乡村基本公共服务不得不依赖于中央政府制度内供给渠道，或者通过“一事一议”方式为乡村公共服务供给提供资金保障。总体而言，新时代乡村公共服务供给具有一定的历史延续性，党的领导和社会主义制度是新中国成立后乡村公共服务发展的政治基础。“为中国人民谋幸福，为中华民族谋复兴”是中国共产党人的初心和使命。社会主义国家的目标是消除阶级和群体的两极分化，保障广大人民的美好生活，实现共同富裕。

不同的历史阶段，人们的生活环境和具体诉求有差异，乡村基本公共服务的制度设计也存在相应的变化。随着生产力的发展，我国正由实现少数人先富起来、少数地区先富起来，向全体人民共同富裕和公共服务均等化方向迈进，乡村公共服务建设必将发生日新月异的变化。

二、乡村公共服务供给模式的创新

乡村公共服务供给模式的变迁与政府、企业、非政府组织的角色变化密切相关，而这些组织的变化又取决于特定的社会结构的变迁。改革开放之前，中国社会呈现出分化程度较低、分化速度缓慢、同质性较强的“总体性社会”特征。在农村地区，以“政社合一”的人民公社体制和“三级所有、队为基础”制度将农民组织起来，开展农村集体生产活动。这一时期，受制于国家总体的经济发展水平，政府的基本公共服务供给能力不强，主要进行制度设计和政治动员，如推行“赤脚医生”和合作医疗制度。由于制度内资源供给能力较弱，农村公共服务更多地依赖于制度外供给。农民通过集体劳动合作和农业资源实现自身对公共服务的需求。在农村公共服务供给结构中，政府发挥了引导作用，农村集体组织实际发挥着支撑性作用。这种供给模式的特点在于：（1）农村公共产品以制度外供给为主，国家财政予以一定的支持；（2）“政社合一”的集体组织是唯一的供给主体，采用自上而下的供给决策方式；（3）农民缺少经营决策自主权，个人诉求表达缺失，供给效率低下；（4）供给内容主要集中在简单的农田水利、农业技术推广以及农村合作医疗等方面，城乡之间、地区之间存在明显的供给不均衡。

改革开放以来，乡村治理的“政社合一”组织方式逐渐为“乡政村治”组织方式所替代，总体性支配的社会结构开始出现松动，社会诸多领域获得了一定程度的自主权，基层社会的活力得到释放。在新世纪初农业税取消后，村集体和乡镇政府公共服务供给能力被削弱，如何实现乡村公共服务供给的持续发展成为难题。按照市场资源配合的原则，在理想的状态下乡村居民可以通过个人或集体购买的方式获得相应的公共服务。但现实状况是，东西部区域不平衡和城乡区域不平衡仍然很严重，农村地区的经济落后与公共服务建设滞后交叉存在，完全依靠农民自身来完成公共服务供给几乎是无法实现的任务。反之，完全将乡村公共服务转移到政府，既可能造成政府巨大的财政负担，又无法激发农村居民的积极性。随着“人民公社”的解体和“乡政村治”模式的推行，农村基层的组织方式发生了巨大变化，自主经营、自负盈亏的家庭联产承包责任制激发了农民生产的内在积极性。这预示着乡村公共服务供给模式创新更多在政府供给和居民供给之间维系着一种平衡。

（一）乡村公共服务的政府供给模式创新

改革开放以来，我国经济快速发展，已经成为世界第二大经济体，这为政府实施宏观调控提供了有利条件，但是我国各级政府内部的财力供给能力并不均衡。在减免农业税后，乡镇政府“空壳化”效应显现，而中央政府基于分税制改革，财政支配能力得到增强。从区域看，东部沿海地区工商业发达，地方政府财政较为充裕。在城乡一体化和城乡服务均等化的背景下，中央政府需要寻求一种新的乡村公共服务供给模式，而“项目制”无疑是一种有效的创新尝试。分税制改革之后，以“专项”和“项目”的方式实施资源分配越来越成为主要的财政支出手段。项目制之所以成为公共服务供给的一种有效手段，主要有以下几方面原因：一是项目制符合科学治理导向。尽管行政官僚、技术专家、社会精英等少数人掌握了项目配置的话语权，但项目的提出、设计、规划、评价都试图做到科学化、精细化，尽量以技术理性克服任意性的弊端，以追求效益的最大化目标。二是项目可以精准瞄准目标。以问题为导向，尤其是与乡村环境治理、脱贫攻坚等专项任务结合起来，能集中资金解决农村居民需求最强烈的服务事项。三是符合官僚体制的运行特点。官僚制强调命令统一、业务分工、责任考核、规范运作，政府在实施“项目制”过程中，也逐渐发展出一套严格而完备的项目申请、批复、实施、考核和审计制度。除了工资和日常支出外，几乎所有的建设和公共服务资金都“专项化”和“项目化”了，以项目管理为中心，各种政策、制度、法规和实际运作方式迅速发展起来。

从本质上看，“项目制”是政府实现公共服务供给的一种具体手段，这取决于公共产品的属性和政府的职能。乡村公共服务的模式创新设计很大程度上取决于公共服务的性质。根据公共产品理论，纯公共产品具有非排他性和非竞争性。这决定了纯公共产品无法像私人产品一样，通过收费方式获取资金，也难以由私人来供给。如何供给这类公共产品便成为政府的职责，政府可以通过税收方式来支付实际成本。例如，农村基层政府行政服务、农业发展战略研究、农村环境保护、农业发展综合规划及信息系统、农业基础科学研究、大江大河大湖治理等都应由各级政府来提供。有些公共产品并不完全满足非排他性和非竞争性条件，则可以采取多种供给方式。如农村自来水、煤气、电力等公共产品具有一定的排他性，可以采取居民购买方式实现供给，或者采取居民购买、政府补贴等方式。如森林、草地、湖泊等虽然排他性不明显，但随着用户的增长和过度使用，会出现资源枯竭的危机，因此，在供给和管理中需要颁布许可证，确立其产权和收益权。

政府存在的合理性之一在于应对市场失灵。由于公共服务存在诸如公平、效率等方面的显著的市场失灵，使政府有理由参与其中，不论是生产、融资或监管。中国是一个多层级多部门的行政结构体系，中央政府构建了一个具有广泛的权力和职责的授权制度，需要将权力和职责授予不同级别的地方政府，并在发展方向、发展计划、政策指导上发挥关键性的作用，为公共服务发展提供一个可操作的框架。从具体方式看，政府供给可分为直接供给和间接供给。直接供给一般针对重点基本服务，且市场条件不够成熟，难以采取其他供给方式。如改革开放前，市场主体和非政府组织发育不全，无法承担政府转移的服务。直接供给有利于贯彻政府意图，体现公平性、福利性特点。如为了保障老年人合法权益，《中华人民共和国老年人权益保障法》规定“老年人无劳动能力、无生活来源、无赡养人和扶养人，或者其赡养人和扶养人确无赡养能力或者扶养能力的，由地方各级人民政府依照有关规定给予供养或者救助”。为了保障适龄儿童、少年接受义务教育的权利，《中华人民共和国义务教育法》规定，“义务教育是国家统一实施的所有适龄儿童、少年必须接受的教育，是国家必须予以保障的公益性事业”。义务教育制度将教育服务供给责任从服务对象转向国家，减轻了广大家庭负担，产生了良好的社会效应。

在农村生产组织方式从“总”走向“分”的过程中，乡村公共服务供给的形式发生了较大变化。尽管公共服务供给仍然依赖于制度外供给，但具体的操作方式发生了变化，即由公社统一整合转向“三提五统”、集资等形式的个人筹措机制，农民的负担较重。税费改革后，农民减轻了农业税负担，但基层政府的公共服务供给功能直接面临着现实的困境：无法汲取乡村资源的乡镇政府面临“空壳化”趋势，与农民之间的关系由“汲取型”转变为松散的“悬浮型”。加之分税制改革，基层政府财税能力进一步弱化，于是乡村公共服务供给责任逐渐从农民和基层政府转向中央政府，凸显了中央政府承担乡村公共服务供给的责任。由于体制外供给转入体制内供给，基层供给转向中央政府供给，村级公共服务供给投入结构发生变化，与此同时，服务供给的决策方式也发生了变化。村集体和基层政府作为实施主体的公共服务与居民有紧密连接性，能够灵活地获取居民的诉求，而中央政府处于科层结构的顶端，难以与社会结构中的居民进行互动，服务供给的民主式决策方式逐渐向集中式决策方式转变。同时，为了避免科层链条传递过程的“资金跑漏”和政策执行偏离，中央政府及相关部门制定了严格的项目申报、管理和监督制度，使项目化公共服务供给具有行政逻辑和技术理性。

（二）乡村内部“一事一议”公共服务供给模式创新

除官僚体制内部的地方政府与中央政府在乡村公共服务供给中的角色发生变化外，公共产品的供给形式也发生了变化，即原来的“三提五统”“筹工筹劳”等制度转变为“一事一议”制度。该制度的出发点在于提升“民生”“民主”双重目标。即以实际问题为导向，通过“一事一议”方式，解决乡村服务供给问题；以居民民主参与为手段，通过“一事一议”方式实现民主决策，集中群体意见，提高乡村服务供给的有效性。“一事一议”议事范围一般限定于建制村范围，且遵循村民自愿、直接受益、量力而行、民主决策、合理限额的原则。2007年，国务院办公厅印发《关于转发农业部〈村民一事一议筹资筹劳管理办法〉的通知》（国办发〔2007〕4号），对“一事一议”进行了具体规范。明确筹资筹劳的适用范围为兴办村民直接受益的集体生产生活等公益事业，包括村内农田水利基本建设、道路修建、植树造林、农业综合开发有关的土地治理项目和村民认为需要兴办的集体生产生活等其他公益事业项目。该政策强调居民在乡村公共服务供给中的责任，明确筹资对象为本村户籍在册人口或者所议事项受益人口，并单独设立账户、单独核算、专款专用。具体筹资筹劳的项目、数额等事项需要经村民会议或村民代表会议讨论通过。显然，“一事一议”使需求与供给关系更加清晰，便于操作和管理，同时，这种基于公共服务供给的乡村社会联结机制的变化有利于彰显农民的主体性，激励农民参与民主决策过程，也体现了基层自治民主发展的方向。

在乡村公共服务供给的制度转型中，乡村社会与官僚体系并不是截然分离的，或者说依托官僚制的“项目制”与依存于乡村民主的“一事一议”制不是相互冲突的过程。如国务院规定，由村民筹资筹劳，开展村内集体生产生活等公益事业建设的，政府可采取项目补助、以奖代补等办法给予支持，实行筹补结合。从内在张力看，“项目制”凸显自上而下的技术理性，其优势在于国家财政保障了强有力的供给能力，其可能的劣势是与基层公共服务诉求之间容易出现衔接错位；“一事一议”体现了自下而上的民主参与逻辑，有较充分的民意基础，其优势在于把握乡村公共服务的需求趋势，其劣势在于农民提供的资金有限，供给与需求之间存在较大差距。政府与居民之间、“一事一议”与“项目制”之间的有机结合，在公共服务供给结构中具有互补效应，能够有效地促进乡村公共服务供给的有序发展。国务院相关部门出台的《关于开展村级公益事业建设一事一议财政奖补试点工作的通知》（国农改〔2008〕2号）、《关于扩大村级公益事业建设一事一议财政奖补试点的通知》（国农改〔

2009〕3号）、《关于做好2010年扩大村级公益事业建设一事一议财政奖补试点工作的通知》（国农改〔2010〕1号）、《村级公益事业建设一事一议财政奖补资金管理办法》（财预〔2011〕561号）等相关政策文件均强调政府对“一事一议”的财政奖补支持，以弥补村级资金供给的不足。这种制度设计，一方面，严格禁止通过出资出劳变相加重农民负担，确保农村社会的稳定；另一方面，对那些符合规定的村级公益事业建设项目，尤其是农民需求最迫切、反映最强烈的项目，中央和地方各级财政安排专项资金通过民办公助方式给予适当奖补。

（三）多主体参与乡村公共产品供给的模式创新

如果从“政府—社会”视角考察乡村公共服务模式创新，中央政府、基层政府及自治组织的角色变迁是关注的重点，也是传统制度变革的主线。不过，现代社会是民主、多元的社会。改革开放以来，中国的社会整合经历了从改革前的行政性社会整合到契约性社会整合的历史性变革。在总体性社会向分化性社会转变的过程中，原有的社会分层、单位联结、职业身份在市场浪潮的冲击下，发生分离和重组，利益关系、平等理念、法治关系成为重塑社会秩序的重要内容。在这种背景下，除国有企业之外，各种类型的私人企业、国外企业遍布社会各个领域，并以自身的资源优势发挥着积极作用。再者，随着国家管理的规范化和激励支持，以非营利性为目标的非政府组织也获得充分的发展。这些企业、非政府组织与政府形成了一种良性合作关系，在教育、医疗、养老、环境保护、道路设施等不同领域发挥着积极作用。

由于政府直接管理将增加机构和人员，且管理复杂，容易导致成本居高不下、效率不高、创新不足的弊端，因此，随着市场经济的发展和治理理念的改变，政府角色开始由“划桨”向“掌舵”转变，有些传统的政府垄断供给领域逐步向社会开放，间接提供和民营化改革成为公共产品供给模式变化的新特点。常见的形式有政府与企业签订供给合同、授权经营、政府参股、政府补助等。2009年9月1日，国务院出台《关于开展新型农村社会养老保险试点的指导意见》（国发〔2009〕32号），其中明确，为解决农村居民养老问题，要加快建立覆盖城乡居民的新型农村社会养老保险制度，按照“保基本、广覆盖、有弹性、可持续”的基本原则，既要突出养老保险的公益性质，又要体现可持续目标，注重从农村实际出发，确保筹资标准、待遇标准要与经济发展及各方面承受能力相适应，合理划分个人（家庭）、集体、政府的责任。2016年12月7日，国务院办公厅出台《关于全面放开养老服务市场提升养老服务质量的若干意见》（国办发〔2016〕91号），要求进一步放宽准入条件，全面放开养老服务市场，鼓励社会力量通过独资、合资、合作、联营、参股、租赁等方式，参与公办养老机构改革。支持设立营利性养老机构，对于民办营利性养老机构，服务收费项目和标准由经营者自主确定；对于民办非营利性养老机构，服务收费标准由经营者合理确定和政府监管；对于政府运营的养老机构，实行政府定价或政府指导价；对于以公建民营等方式运营的养老机构，依据委托协议等合理确定价格。显然，乡村公共服务的改革有利于减轻政府财政负担，激发市场的参与热情，提高供给效率。从供给模式创新发展的可持续性看，需要充分发挥政府、市场和社会的多种资源的作用，提高乡村公共服务的供给水平，同时发挥政府的主导作用，科学制定政策制度，合理界定政府与其他主体之间的职责，明确政府承担公共服务的基本职能，避免因乡村公共服务供给中的缺位、越位和错位所产生的“政府失灵”问题。由于乡村公共服务的多样性，以及政府、市场和社会组织供给的责任及社会条件不同，乡村公共服务供给模式也存在多种形式，且这些模式不是一成不变的。随着政府理念更新和治理环境的变化，乡村公共服务供给模式存在着一个优化、发展的过程。

三、乡村公共服务供给的现代化挑战

乡村公共服务供给具有地域性和普遍性特点。地域性即不同地区乡村公

共服务需求的类型和强烈程度有所差别，东部沿海经济发达区域的乡村基础条件较好，地方政府供给能力较强，城乡之间差距较小；山区和老少边等偏远的贫穷地区，乡村公共服务供给问题较为突出。普遍性是乡村公共服务供给所表现的整体性问题，不仅体现了供给量上的差距，也体现了供给机制和模式的不完善。在中国经济快速增长和现代化转型时期，需要更多地关注这些问题。有些学者将制约城乡基本公共服务均等化的因素概括为两个方面：一是在投入水平方面，公共服务供给出现严重不足以及乡村公共服务存在“最后一公里难题”；二是在体制障碍方面，城乡二元结构体制导致了城乡基本公共服务获取机会的不均等，公共财政体制的畸态化导致农村基本公共服务供给的缺位和低效率。从宏观角度看，在城乡一体化背景下，城乡公共服务不均等是值得国家关注并加以干预的全局性问题。从操作层面看，乡村公共服务的生产机制涉及三个相互联系的结构性问题：一是消费端，需要关注和聚合广大农民的消费意愿，并将其通过建制化的民主途径转化为一种政策意愿表达；二是供给端，公共服务作为一种社会组织性的生产过程，需要关注供给的资金投入问题；三是消费和供给之间的联结机制构建，既要发挥传递民意的功能，又要实现供给的有效性。

（一）城乡公共服务供给不均衡的挑战

近些年来，我国通过实施各种惠农富农政策和贯彻“多予少取放活”方针，使农村发展取得了可喜的进步，但总体上，乡村教育文化、医疗卫生、社会保障等公共服务严重滞后，难以适应城乡基本公共服务均等化和农业农村现代化的现实需要。实施乡村振兴战略，从产业振兴、文化发展到人居环境改善，都需要投入大量的资金，而农村自我积累能力有限，投融资渠道不畅，资金有效供给严重不足。根据全国农业普查数据，在农民生活条件方面，2016年末，99.5%的农户拥有自己的住房，47.7%的农户使用经过净化处理的自来水，

36.2%的农户使用水冲式卫生厕所。在农村基础设施方面，2016年末，在乡镇地域范围内，有火车站的乡镇占8.6%，有码头的占7.7%，有高速公路出入口的占21.5%；99.3%的村通公路；99.7%的村通电，11.9%的村通天然气，99.5%的村通电话，82.8%的村安装了有线电视，89.9%的村通宽带互联网，25.1%的村有电子商务配送站点；91.3%的乡镇集中或部分集中供水，90.8%的乡镇生活垃圾集中或部分集中处理；73.9%的村生活垃圾集中处理或部分集中处理，17.4%的村生活污水集中处理或部分集中处理，53.5%的村完成或部分完成改厕。在农村基本公共服务方面，96.8%的乡镇有图书馆、文化站，11.9%的乡镇有剧场、影剧院，16.6%的乡镇有体育场馆，70.6%的乡镇有公园及休闲健身广场；59.2%的村有体育健身场所；96.5%的乡镇有幼儿园、托儿所，98.0%的乡镇有小学；32.3%的村有幼儿园、托儿所；99.9%的乡镇有医疗卫生机构，98.4%的乡镇有执业（助理）医师，66.8%的乡镇有社会福利收养性单位，81.9%的村有卫生室。

农民获得的公共服务大致可以分为两类：一类是非排他性和非竞争性比较明显的纯公共产品，如农业科技研发、村庄道路建设、环境治理、义务教育等项目，一般由政府投入，居民免费享受公共服务。这方面由于农村人口分散、地域广阔，加上历史积累较少，总体上与城市之间的差距较大。这类服务的改善直接取决于政府的投入水平。另一类属于非排他性和非竞争性不够充分的准公共产品，如医疗、自来水、天然气、电话等服务支出。一般情况下，这类公共服务至少一部分依赖于个人购买。此时，居民个人的收入和支付能力决定了其获得公共服务的水平。有学者研究表明，农村人均财政支出、农民收入与农村基本公共服务供给效率间呈显著正相关，且存在区域间差异。根据统计，2013—2019年，城乡居民收支情况都保持了稳定的增长，其中城镇居民人均可支配收入7年内增长了60.04%，农村居民人均可支配收入7年内增长了69.90%，但城乡之间居民可支配收入仍然存在较大差距，达到2.71倍。从发展趋势看，城乡之间的差距逐年缩小，2013年城乡居民收入比为2.81，到2019年，城乡居民收入比下降为2.64。（见表3-1）

表3-1 2013—2019年城乡居民人均收支情况（元）

指标	2013 年	2014 年	2015 年	2016 年	2017 年	2018 年	2019 年
城镇居民人均收入							
可支配收入	26467.0	28843.9	31194.8	33616.2	36396.2	39250.8	42358.8
1. 工资性收入	16617.4	17936.8	19337.1	20665.0	22200.9	23792.2	25564.8
2. 经营净收入	2975.3	3279.0	3476.1	3770.1	4064.7	4442.6	4840.4
3. 财产净收入	2551.5	2812.1	3041.9	3271.3	3606.9	4027.7	4390.6
4. 转移净收入	4322.8	4815.9	5339.7	5909.8	6523.6	6988.3	7563.0
城镇居民人均支出							
消费支出	18487.5	19968.1	21392.4	23078.9	24445.0	26112.3	28063.4
#服务性消费	7705.9	8438.5	9192.4	10068.1	10854.5	12130.4	13517.7
1. 食品烟酒	5570.7	6000.0	6359.7	6762.4	7001.0	7239.0	7732.6
2. 衣着	1553.7	1627.2	1701.1	1739.0	1757.9	1808.2	1831.9
3. 居住	4301.4	4489.6	4726.0	5113.7	5564.0	6255.0	6780.2
4. 生活用品及服务	1129.2	1233.2	1306.5	1426.8	1525.0	1629.4	1689.3
5. 交通通信	2317.8	2637.3	2895.4	3173.9	3321.5	3473.5	3671.3
6. 教育文化娱乐	1988.3	2142.3	2382.8	2637.6	2846.6	2974.1	3328.0
7. 医疗保健	1136.1	1305.6	1443.4	1630.8	1777.4	2045.7	2282.7
8. 其他用品及服务	490.4	532.9	577.5	594.7	651.5	687.4	747.2
农村居民人均收入							
可支配收入	9429.6	10488.9	11421.7	12363.4	13432.4	14617.0	16020.7
1. 工资性收入	3652.5	4152.2	4600.3	5021.8	5498.4	5996.1	6583.5

续表

指标	2013年	2014年	2015年	2016年	2017年	2018年	2019年
2. 经营净收入	3934.9	4237.4	4503.6	4741.3	5027.8	5358.4	5762.2
3. 财产净收入	194.7	222.1	251.5	272.1	303.0	342.1	377.3
4. 转移净收入	1647.5	1877.2	2066.3	2328.2	2603.2	2920.5	3297.8
农村居民人均支出							
消费支出	7485.1	8382.6	9222.6	10129.8	10954.5	12124.3	13327.7
#服务性消费	2567.2	2945.9	3337.4	3750.9	4130.2	4644.7	5290.2
1. 食品烟酒	2554.4	2814.0	3048.0	3266.1	3415.4	3645.6	3998.2
2. 衣着	453.8	510.4	550.5	575.4	611.6	647.7	713.3
3. 居住	1579.8	1762.7	1926.2	2147.1	2353.5	2660.6	2871.3
4. 生活用品及服务	455.1	506.5	545.6	595.7	634.0	720.5	763.9
5. 交通通信	874.9	1012.6	1163.1	1359.9	1509.1	1690.0	1836.8
6. 教育文化娱乐	754.6	859.5	969.3	1070.3	1171.3	1301.6	1481.8
7. 医疗保健	668.2	753.9	846.0	929.2	1058.7	1240.1	1420.8
8. 其他用品及服务	144.2	163.0	174.0	186.0	200.9	218.3	241.5

数据来源：根据《中国统计年鉴（2020年）》数据整理。

具体到居民的公共服务支出，城乡之间公共服务消费水平差距仍然较大。长期以来，城乡二元体制一直存在，大部分农民收入层次偏低，经济收入水平限制了农民的支出。从统计数据看，农村居民不仅在衣食住行等基本生活资料方面的支出低于城市居民的平均水平，在交通通信、教育文化娱乐、医疗保健等公共服务支出方面也低于城市居民的平均水平，两者之比分别为2.28、2.41、

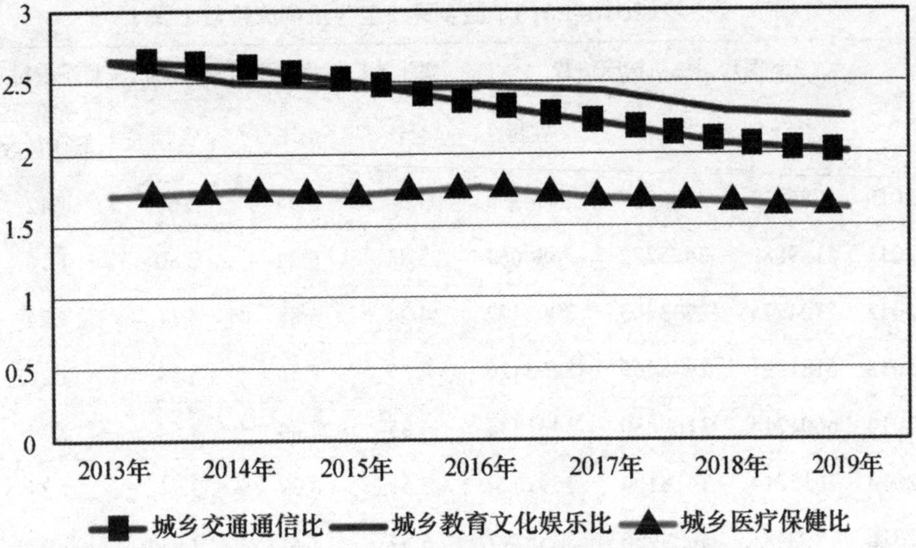

图3-1 2013—2019年城乡三类公共服务人均支出比

1.68。从发展趋势看，城乡居民在三类公共服务方面的支出比呈现逐年下降趋势。（见图3-1）显然，如果在相同的外部供给条件下（即使政府对城乡实施平等的公共服务供给），个人支付能力较强，则意味着能够获得更多的公共服务。相反，如果外部供给条件表现为城乡公共服务供给存在事实上的不均等，再叠加城乡个人支付的差异，则使农民容易陷入一种更不利的困境。

以城乡医疗卫生服务为例，随着政府对农村投入的不断增加，城乡医疗卫生服务条件有了很大的改善。2010—2019年，城市和农村的医疗卫生机构床位数分别增加了89.01%和79.33%。每千人口医疗卫生机构床位分别增长了47.81%和85%。但城乡之间横向比较，差距较为明显，农村每千人口医疗卫生机构床位数只有城市的47.40%。（见表3-2）在卫生技术人员的分布状况方面，城乡之间也存在着较大差距。1980年，城市每千人口卫生技术人员、执业（助理）医师、注册护士分别是农村的4.43倍、4.24倍、9.15倍。到2019年城市每千人口卫生技术人员、执业（助理）医师、注册护士分别是农村的2.24倍、2.09倍、2.62倍。（见表3-3）

表3-2 2010—2019年城乡医疗卫生机构床位数（张）

年份	医疗卫生机构床位数			每千人口医疗卫生机构床位数			每千农村人口乡镇卫生院床位数
	合计	城市	农村	合计	城市	农村	
2010	4786831	2302297	2484534	3.58	5.94	2.60	1.12
2011	5159889	2475222	2684667	3.84	6.24	2.80	1.16
2012	5724775	2733403	2991372	4.24	6.88	3.11	1.24
2013	6181891	2948465	3233426	4.55	7.36	3.35	1.30
2014	6601214	3169880	3431334	4.85	7.84	3.54	1.34
2015	7015214	3418194	3597020	5.11	8.27	3.71	1.24
2016	7410453	3654956	3755497	5.37	8.41	3.91	1.27
2017	7940252	3922024	4018228	5.72	8.75	4.19	1.35
2018	8404088	4141427	4262661	6.03	8.70	4.56	1.43
2019	8806956	4351540	4455416	6.30	8.78	4.81	1.48

数据来源：根据《中国统计年鉴（2020年）》数据整理。

表3-3 城乡每千人口卫生技术人员（人）

年份	卫生技术人员			执业（助理）医师			注册护士		
	合计	城市	农村	合计	城市	农村	合计	城市	农村
1980	2.85	8.03	1.81	1.17	3.22	0.76	0.47	1.83	0.20
1985	3.28	7.92	2.09	1.36	3.35	0.85	0.61	1.85	0.30
1990	3.45	6.59	2.15	1.56	2.95	0.98	0.86	1.91	0.43
1995	3.59	5.36	2.32	1.62	2.39	1.07	0.95	1.59	0.49
2000	3.63	5.17	2.41	1.68	2.31	1.17	1.02	1.64	0.54
2005	3.50	5.82	2.69	1.56	2.46	1.26	1.03	2.10	0.65
2006	3.60	6.09	2.70	1.60	2.56	1.26	1.09	2.22	0.66

续表

年份	卫生技术人员			执业（助理）医师			注册护士		
	合计	城市	农村	合计	城市	农村	合计	城市	农村
2007	3.72	6.44	2.69	1.61	2.61	1.23	1.18	2.42	0.70
2008	3.90	6.68	2.80	1.66	2.68	1.26	1.27	2.54	0.76
2009	4.15	7.15	2.94	1.75	2.83	1.31	1.39	2.82	0.81
2010	4.39	7.62	3.04	1.80	2.97	1.32	1.53	3.09	0.89
2011	4.58	7.90	3.19	1.82	3.00	1.33	1.66	3.29	0.98
2012	4.94	8.54	3.41	1.94	3.19	1.40	1.85	3.65	1.09
2013	5.27	9.18	3.64	2.04	3.39	1.48	2.04	4.00	1.22
2014	5.56	9.70	3.77	2.12	3.54	1.51	2.20	4.30	1.31
2015	5.84	10.21	3.90	2.22	3.72	1.55	2.37	4.58	1.39
2016	6.12	10.42	4.08	2.31	3.79	1.61	2.54	4.75	1.50
2017	6.47	10.87	4.28	2.44	3.97	1.68	2.74	5.01	1.62
2018	6.83	10.91	4.63	2.59	4.01	1.82	2.94	5.08	1.80
2019	7.26	11.10	4.96	2.77	4.10	1.96	3.18	5.22	1.99

数据来源：根据《中国统计年鉴（2020年）》数据整理。

表3-4 2013—2019年东、中、西部及东北地区居民人均可支配收入（元）

年份 组别	2013	2014	2015	2016	2017	2018	2019
东部地区	23658.4	25954	28223.3	30654.7	33414	36298.2	39438.9
中部地区	15263.9	16867.7	18442.1	20006.2	21833.6	23798.3	26025.3
西部地区	13919	15376.1	16868.1	18406.8	20130.3	21935.8	23986.1
东北地区	17893.1	19604.4	21008.4	22351.5	23900.5	25543.2	27370.6

数据来源：根据《中国统计年鉴（2020年）》数据整理。

城乡之间的医疗卫生服务差距不仅仅停留在部分数据的对比，在质量和制度上还存在不平等状况。如全国三甲医疗机构和优质的医疗专家资源基本集中在城市，近年来有些地方开展医共体建设，促进农村和城市之间医疗资源的流动和共享，在一定程度上缩小了城乡之间的医疗差距。在医疗保障制度方面，我国已经广泛建立了城乡居民基本医疗保险制度，但在医疗报销待遇上，农村居民与城镇职工还存在一定的差距，对农村居民医疗服务保障产生了一定的影响。

从区域分布来看，区域之间居民人均可支配收入具有不均衡性。其中东部地区居民人均可支配收入水平最高，东北地区次之，而西部地区最低。这种收入分布状况与各地区经济发展总体水平相吻合，表3-4也从侧面体现了我国不同区域之间的居民获取公共服务能力的差异。区域发展不平衡是我国长期的历史和现状。改革开放以来，东部沿海地带处于改革开放的前沿地带，由于体制的创新和资源、技术的优势，社会经济发展水平明显高于其他地区，医疗、卫生、体育、文化等公共服务基础条件较好。由于东部地区企业数量和规模都处于领先地位，政府财政收入较为宽裕，地方政府公共服务供给能力较强，乡村公共服务的投入力度较大。反之，在一些中西部地区，农业结构不合理，财政支出主要集中在工资等基本生活保障方面，农村基本公共服务投入缺乏。加之居民以农业为主，收入偏低，购买能力不强，对公共服务需求越发强烈。如在饮用水来源方面，东部地区农村使用自来水的比例较大，中西部农村使用井水和泉水的比例较大；在家庭卫生设施类型方面，东部地区农村使用水冲式卫生厕所比例较大，中西部农村使用普通旱厕比例较大；在能源结构中，东部地区农村以煤气、天然气、液化石油气为主，中西部农村以柴草为能源的比例较大；在乡镇、村卫生处理设施方面，东部地区生活垃圾和生活污水集中处理或部分集中处理的乡镇、村比中西部农村比例大。东西部区域完成或部分完成改厕的村的数量差距也比较大。（见表3-5）

随着西部大开发战略的实施和中部经济的崛起，尤其国家在教育、医疗等方面实施普惠性政策，东部地区与中西部地区在农村部分公共服务供给上的差距逐渐缩小，少数指标，如村卫生室、村执业（助理）医师配置方面，中西部农村甚至还超过了东部农村。在村能源、通信设施方面，电、电话、有线电视、宽带互联网、电子商务配送站点等设施的配置东部农村略高于中西部农村，但差距不明显；在乡镇、村卫生处理设施方面，东部和中西部农村集中或部分集中供水的乡镇数量差距不明显；在乡镇、村文化教育设施方面，东部和中西部乡镇在幼儿园、托儿所、小学、图书馆、文化站资源配置方面差距也不明显，但拥有剧场、影剧院、体育场馆、公园及休闲健身广场的乡镇或村数量差距较大；在乡镇医疗和社会福利机构方面，东部和中西部差距较小。（见表3–5）

表3–5 全国农业区域主要数据比较

类别	项目	全国	东部地区	中部地区	西部地区	东北地区
按饮用水来源划分的住户构成 /%	经过净化处理的自来水	47.7	62.3	43.9	38.2	36.1
	受保护的井水和泉水	41.6	33.5	42.8	45.8	58.5
	不受保护的井水和泉水	8.7	3.5	11.9	11.8	5.3
	江河湖泊水	0.6	0.1	0.4	1.3	0
	收集雨水	0.7	0	0.4	1.7	0
	桶装水	0.3	0.2	0.4	0.4	0
	其他水源	0.4	0.3	0.3	0.8	0.1
家庭卫生设施类型 /%	水冲式卫生厕所	36.2	54.2	29.2	29.7	4.1
	水冲式非卫生厕所	3.1	2.1	4.1	3.8	0.2
	卫生旱厕	12.4	11.7	13.6	12	12.2
	普通旱厕	46.2	30.8	52.2	50.1	82.9
	无厕所	2	1.2	0.9	4.3	0.5

续表

类别	项目	全国	东部地区	中部地区	西部地区	东北地区
主要生活能源构成/%	柴草	44.2	27.4	40.1	58.6	84.5
	煤	23.9	29.4	16.3	24.8	27.4
	煤气、天然气、液化石油气	49.3	69.5	58.2	24.5	20.3
	沼气	0.7	0.3	0.7	1.2	0.1
	电	58.6	57.2	59.3	59.5	58.7
	太阳能	0.2	0.2	0.3	0.3	0.1
	其他	0.5	0.2	0.2	1.3	0.1
村能源、通信设施/%	通电的村	99.7	100	99.9	99.2	100
	通天然气的村	11.9	10.3	8.4	18.3	4.7
	通电话的村	99.5	100	99.7	98.7	100
	安装了有线电视的村	82.8	94.7	82.9	65.5	95.7
	通宽带互联网的村	89.9	97.1	92.7	77.3	96.5
	有电子商务配送站点的村	25.1	29.4	22.9	21.9	24.1
乡镇、村卫生处理设施/%	集中或部分集中供水的乡镇	91.3	96.1	93.1	87.1	93.6
	生活垃圾集中处理或部分集中处理的乡镇	90.8	94.6	92.8	89	82.3
	生活垃圾集中处理或部分集中处理的村	73.9	90.9	69.7	60.3	53.1
	生活污水集中处理或部分集中处理的村	17.4	27.1	12.5	11.6	7.8
	完成或部分完成改厕的村	53.5	64.5	49.1	49.1	23.7

续表

类别	项目	全国	东部地区	中部地区	西部地区	东北地区
乡镇、村文化教育设施/%	有幼儿园、托儿所的乡镇	96.5	98.7	98.3	94	96.9
	有小学的乡镇	98	98.7	99.5	97.3	95.2
	有图书馆、文化站的乡镇	96.8	96.2	98	96.6	95.2
	有剧场、影剧院的乡镇	11.9	18.5	14.4	7.9	5.9
	有体育场馆的乡镇	16.6	20.5	19.4	13.5	12.1
	有公园及休闲健身广场的乡镇	70.6	83.2	73.9	59.4	84
	有幼儿园、托儿所的村	32.3	29.6	36.5	33	25.8
	有体育健身场所的村	59.2	72.2	55.5	46	62.8
	有农民业余文化组织的村	41.3	44.4	40.8	36.7	47.1
乡镇、村医疗和社会福利机构/%	有医疗卫生机构的乡镇	99.9	99.9	100	99.8	99.7
	有执业（助理）医师的乡镇	98.4	99.6	99.8	96.7	99.3
	有社会福利收养性单位的乡镇	96.8	71.7	87.7	53.3	57
	有本级政府创办的敬老院的乡镇	56.4	61.9	78	43.3	40.8
	有卫生室的村	81.9	71.9	89.3	86.9	86.2
	有执业（助理）医师的村	54.9	49.4	66.7	49.9	60.6

数据来源：根据国家统计局《第三次全国农业普查主要数据公报》（2017年）数据整理。

总体而言，公共服务均等化是一个长期而艰巨的任务。从区域发展看，我国乡村公共服务供给存在面广量大的难题。根据第七次全国人口普查，当前我国居住在乡村的人口为50979万人，占全国人口的36.11%。在短期内全面提升农村全域公共服务供给水平将是一个具有挑战性的任务。从供给能力看，我国经济增长呈现下行趋势，财政收入增长压力增大，而居民对公共服务消费质量和数量的需求处于不断增长状态，由此，推动城乡公共服务均等化必将经历一个较长的历史时期。从个人发展看，乡村公共服务供给具有内卷化和固化效应。例如教育服务的缺少往往会抑制个人素质能力的提升，并影响其平等的就业机会；医疗卫生服务条件的缺失会导致对身体健康的不利影响，导致就业机会的丧失而带来经济收入的降低，进而降低医疗服务的支付能力，这样容易陷入恶性循环的困境。此时，需要政府和外部力量介入，积极发挥“解锁”效应，在公共服务方面优先提供基础保障，避免产生公共服务供给的“马太效应”。

（二）乡村公共服务供给体制不健全的挑战

总体上，我国当前乡村公共服务供给体制在解决农村税费改革后的乡村公共服务问题上产生了积极效用。以东部某村为例，2010年，该村被列入村级公益事业“一事一议”财政奖补试点，至2020年共获得8个“一事一议”项目，包括村庄道路、小型农田水利设施、生活污水处理以及文化礼堂等。共投入资金1117.3万元，其中省级财政奖补350.4万元，地方财政奖补382.6万元，村民筹资筹劳、社会捐助及村集体经济共投入384.3万元，有效地解决了资金不足的难题，使农村污水处理、道路建设、道路亮化、环境美化、养老设施、文化娱乐等方面得到很大的改善。理想的乡村公共服务供给体制是民主性、科学性兼容的融合体制，在操作层面，应积极发挥项目制与“一事一议”制的协同作用。但实际中，两者也可能产生政策摩擦而降低了政策输出的整体效应。以技术理性为驱动的项目制关注权力的集中和自上而下的科层政策实施路径。通过卫生、教育、民政、环保、交通、水利、电力等不同政府部门以“条条”对应的方式进行资源配置，每一个政府职能部门基于自身的职能偏差和上级考评机制，在项目推动中具有“经济人”理性，这与原来项目固有的“技术理性”产生矛盾。尽管完善的项目制试图通过规划、申请、审批、监督、评价、追责等系统程序化管理方法来规避执行偏差，但由于上下监督距离和信息不对称，项目执行过程的博弈行为无法从根本上避免。习近平总书记在讲到政府协同时强调：“基层最知道自己哪儿疼，却没法开方抓药。行业部门项目资金各有各的使用方向、各有各的管理考核办法，贫困县难以统筹整合。一些地方同志反映，许多中央财政补助的公益性项目要求地方资金配套，而贫困地区往往配套不起，造成项目难以落地。”由于乡镇政府财权与事权分离，乡镇政府虽然具有了解乡村公共服务信息的优势，但无法直接掌控资金分配，不得不向中央和上级政府争取各种项目。这种迂回的供给方式可能由于信息链条的延伸而产生投机行为，增加时间成本、协商成本，使“治理风险和行政负担上移，令整个体制不堪重负”。

以项目制为特征的乡村公共服务供给体制强化了地方政府行为的偏向选择。在政府层级关系方面，税费改革和分税制改革后，基层政府财力的弱化与中央政府财政权力的强化，一方面可以增加中央政府的权威性和统摄能力，可以全国一盘棋地进行规划和引领；另一方面，增加了基层政府的依赖性，尤其在事权与财权不对等的情形下，基层政府要么对乡村公共服务供给主动性不强，要么热衷于向上级要资源，申请项目支持，这样导致委托代理低效，抑制了政府整体输出功能。

实施“一事一议”财政奖补政策一般要求贯彻普惠原则，即以农民共同需要和普遍受益为依据，按照轻重缓急原则，着重解决村庄道路、小型水利设施、休闲健身场所、村庄环境等村级公益事业建设。同时结合脱贫攻坚要求，向贫困地区倾斜，实现贫困行政村财政奖补项目全覆盖。但现实的供给困境是，鉴于农民负担的压力，农村自筹资金的标准不高，同时由于财政供给压力，中央财政奖补资金和地方政府配套资金也有限度。因此，公共服务的绝对供给能力与绝对需求之间必然存在一个缺口。在这种情形下，区域之间的资源竞争和政府主导的资源选择将成为公共服务配置的一个特点。地方政府理性行为趋向表现在两方面：一是争取项目的优先权，积极通过熟人关系或“潜规则”进行沟通；二是尽可能地扩大项目带来的效应。有的地方政府出于考核绩效和“政绩工程”，在项目选择方面，更情愿“锦上添花”，将项目投入在那些基础条件好，有配套资金的乡村，这样有利于发挥项目资金的叠加效应。而对于那些资金筹集困难、干部群众不团结、动员能力不强、地理位置偏远的村庄，则认为不仅可能难以推动项目落地，甚至由于资金的下乡可能会激发新的矛盾。这种选择的结果就容易导致项目政策执行的偏差，背离原来的项目设计中将资源配置的公正、平等原则置于首位，对居民反映最强烈的问题进行优先考虑的初衷。

2015年，财政部表示在整个“十三五”期间，中央财政将安排1140亿元，带动地方和社会总投入7000多亿元，确保每个规划内的行政村都能覆盖。当时全国片区县和重点贫困县行政村总数约17万个，而其中未享受过“一事一议”财政奖补政策的行政村占15%。有学者通过实地调查也得到类似的结论：某县近1/3的村从未获批“一事一议”财政奖补项目，而有的村几乎每年都有项目，甚至一年可以拿到多个项目。在全县8个乡镇中，各乡镇之间取得的奖补资金出现了严重不均衡，甚至出现了越富裕的乡镇获得奖补资金越多的怪象。也有学者认为地方政府更愿意“挤进两头”，将“示范村”或“整治村”作为项目的优选对象，这样可以通过树立标杆，获得更多的项目溢出效应。

以项目制为特征的乡村公共服务供给体制产生了“碎片化”效应。农村公共服务供给的“碎片化”主要体现在政治、社会、经济等不同的维度，具体表现为行政权力划分不明晰、治理主体单一且主体间缺乏互补协同、社会资本参与不足。在官僚体制中，“条块分割”导致了资源整合的困境，项目资金按照不同的政府职能部门进行分割式分配，这样对口管理存在便利性，但忽视了公共服务供给的整体性。就农村而言，各种项目最终要落地到农村地域，各项目之间缺乏统一规划和统筹管理，更容易陷入“单兵作战”的困境。如有的村庄改善了道路、自来水、互联网、文化广场等基本设施，但缺少完善的医疗卫生所、学校，孩子和父母就不得不迁移到条件更好的乡镇和城市。有些乡村发展旅游业，道路、场地等基础设施建设水平较高，但缺少公共厕所、污水处理等设施，公共服务的整体功能也无法正常发挥。这种困境既有供给不足的限制，也有多头管理的困境。每年政府下发的资金毕竟有限，不得不按照事项内容进行分项实施，形成了“重点不重面”的状况。而对于农村发展而言，应更多地关注整体性的变化，某项公共服务的“短板效应”可能造成总体资源配置效能的耗减。有学者认为项目制设计中的“一事一议”“专款专项”的原则与地方综合性事务之间存在内在冲突，但项目制运行过程中，地方政府的选择行为恰恰弥补了这一缺陷。因为地方政府为了获得更大的效益，愿意将村庄的综合事务分解为若干项目分别进行申请，通过“大项目套小项目”“一项目生多项目”的模式争取更多的资金，从而可以将多个项目集中融合、协同和捆绑运作，实际上有利于公共服务的统一规划和整体化运作。当然，这种非制度化的运作是通过地方官员的理性来克服项目运作的弊端。由于信息不对称和项目之间的混杂，地方政府这种权宜选择是更优的策略替代，还是造成资源浪费和事实上的不公平，还需要进一步探究。

以项目制为特征的乡村公共服务供给体制增加了乡村发展的依赖性，同时在乡村公共服务供给中，农民参与积极性不高、农村自治体制不完善等问题仍然存在。村庄合并、人员流动和社会资本的流失使传统的熟人社会关系变得生疏，导致村民合作的困境，加上项目制资金来源于上级政府，所解决的问题也是公共问题，这增加了村民“搭便车”的心理。有的村庄公共事务由乡村精英控制，居民平时没有参与的意识和习惯，甚至认为公共服务供给事务只是与村“两委”人员相关，而与自己无关。在此情境下，“一事一议”便演变为少数村庄精英议事或者是按照政府的意愿来做事。

乡村公共服务供给体制中，村级自治组织话语权的缺失还受制于农村集体经济实力的影响。目前我国农村集体经济总体上比较薄弱，承担农村公共服务供给的能力有限。根据第三次全国农业普查10%村庄样本数据，2016年村集体平均年收入为105.19万元，村集体办公支出为64.32万元。根据农业农村部农村社会事业促进司测算，建设一个村公共厕所，至少投入10万元。在现有的项目激励机制下，经济实力不强的行政村出现了诱导性投机行为，即为了争取政府的项目资金，在“一事一议”运转无力的前提下，通过举债等方式来筹集资金，并在项目竞争中取得优势。在村庄治理体制中，村“两委”是基层政府角色的延伸，具体负责执行和落实涉农项目，尤其是村干部工资纳入政府支付后，这种“给钱办事”的思维进一步将村委干部融入官僚管理体制。加之在农村社会中，市场组织、非政府组织发挥的作用有限，导致乡村公共服务依赖于自上而下的单一的公共服务供给模式。

（三）居民诉求与政府资源配置之间存在衔接缝隙的挑战

我国乡村基本民主制度是由政府设计和推行的，在功能上弥补了“政社合一”的人民公社解体后社会治理的制度缺失。但乡村自治管理功能不全，难以承担居民诉求与政府供给之间的“传输带”作用。在农村推行家庭联产承包责任制后，以土地承包为标志的农户个体经营制度推动了农村由“合作”走向“单干”，农民“我们”为意向的集体意识在实践行动中逐渐转向“我”的个人意识。在农村中，很多事务是无法进行承包和分割的，如道路、河流、环境、文化、教育、医疗，这些服务的生产和管理就需要与之相关的利益主体参与其中。从这个意义上来说，乡村民主自治制度，如村民大会、村民代表大会，就是实现居民个体从“分”到“合”的基本途径。在公共服务供给过程中，乡村居民是公共服务的消费者，至少也承担了部分公共服务供给者的角色（如“一事一议”中的筹资筹劳），这决定了理想的自治制度应该能够实现乡村居民在公共服务供给中的意愿表达。然而，当前乡村公共服务供给的困境之一就在于居民表达机制不够完善。第一，民意表达缺失。很多时候，村民并不认为村干部能够真正地代表他们的利益。一方面，村“两委”及地方实权人物的干涉，降低了村级组织真正代表村民的程度；另一方面，行政村既是自治性的实体，又是政府政策的执行机构，这种双重性限制了它对利益相关者负责的程度。第二，自治组织能力弱化。农村税费改革后，行政村资金来源受到遏制，进而削弱了其组织能力。第三，公共服务的外溢性带来治理困境。由于政治原因，很多公共服务超过了行政村的范围，在技术上和经济上能最有效地提供公共服务的地域可能比一个行政村大，或者比行政村小，如消费者的范围是一个自然村、一个乡（镇）、一个县（市、区）等，这在河流治理中比较常见。总体而言，居民、村自治组织、政府之间的合作困境表现为三个方面：一是乡村公共服务供需不协调；二是在乡村自治组织内部，无法形成有效的民意表达机制；三是在项目制条件下，民意表达的规范化的制度途径有待完善。政府承担了更多的公共服务供给职能，在自上而下的决策过程中，政府如何与自治体居民的集体意愿之间实现衔接还有待创新，或者是通过政府的决策意志来影响居民的意愿，或者是通过自下而上的居民诉求表达为政府所接纳，或者是构建、完善某种居间的协商机制。

首先，乡村公共服务供需不协调。由于乡村公共服务内容丰富，结构多元化，同时我国乡村区域广阔，各地自然环境、人口、历史、语言、文化、经济、资源禀赋以及公共服务基础都存在较大差异，这使乡村公共服务既有共性需求又有区域特色。从结构看，乡村公共服务供需不协调问题主要体现在三个方面：一是基础性公共服务水平偏低，大多数农村的水、电、路、气、信息网络等服务设施不能满足农民需求或农村发展需要，且存在显著的空间结构、类别结构和供求结构差异；二是发展性公共服务供给量偏少，如大型水利灌溉设施、大型农用工具、市场信息、良种培育、灾害预警等农业生产性服务的供给相对滞后；三是社会性服务供给不足，如文化教育、医疗卫生、环境保护处于短缺或不足状况，志愿者服务、社会工作介入等与农村“三留守”等社会问题相关的社会性服务缺乏。从发展看，有些公共服务需求具有稳定性特点，有些公共服务需求则具有动态性特征。例如，在文化公共服务方面，随着互联网技术广泛应用，以在线消费、电子阅读、在线电视电影等为代表的新兴文化消费逐步成为主流并不断地改变乡村居民的消费习惯，重建居民文化消费结构。同样，由于农村地区人口老龄化和人口流动，留守儿童教育和老年护理服务的需求增长，这需要在教育资源配置和老年照料服务优化上有所改进。对外出农民工群体而言，由于城乡二元的户籍制度、福利制度、公共服务体系的限制和约束，存在异地医疗报销、异地农民工子女入学、异地社会保障等诸多问题，使之长期处于“进退两难”的境地，无法真正融入城市生活。

乡村公共服务供给状况受到多种因素的影响。客观因素在于乡村公共服务供给需要巨大的财力支持，需要采取循序渐进的供给策略。主观因素在于有些公共服务需求更新快，政府没有及时地跟进服务。同时，公共服务供给与政府的偏向激励也有密切的关系，任期制决定了官员在一个地方不可能长期任职，在资金有限的条件下，官员会更多关注那些符合政绩考核的项目，而将那些符合居民需要但与考核不直接相关的事务留给下一任处理。习近平总书记曾批评过类似的问题：一些扶贫项目建成后效益低下，设施建好就闲置、项目交付就成摆设现象在一些贫困地区还不少。由于前期调研不够，一些扶贫项目脱离实际。有些扶贫项目属于拍脑袋决策、长官意志。有学者认为，政府更倾向于供给社区活动场所、社区体育健身设施、菜市场等设施类公共服务项目，因为这些服务项目一般以实体形式存在，更能体现出当地政府的“政绩”，以进一步获得上级的肯定和资源支持。再者，与低保户资格等具体到个人的生活保障类公共服务相比，设施类服务项目服务某一区域的全体居民，不容易产生矛盾和不公平感。

其次，乡村自治组织内部没有形成完善的民意表达机制。从乡村公共服务供给链条看，乡村自治组织是一个重要的联结点。对于村庄内部，其发挥着

“聚合器”作用，将分散的、无理性的居民意见以合适的程序和机制汇聚起来，形成公共服务供给的“风向标”；对于村庄外部，其发挥着“显示器”作用，即能够为政府提供决策依据，使政府能够准确地把握基层公共服务需求的类型、数量和变化方向，从而实现资源的有效配置。这种民意传递也正是“一事一议”和项目制之间耦合的合理性依据。当前，项目制实施的最大争议在于居民参与性不足，由此带来了项目式公共服务供给的民意偏离。也有学者认为国家资源下乡逆向加剧了居民的冷漠态度，非但没有唤起居民对共同生产生活事务的关心，反而消解了政治和村庄的公共性，国家将村庄弃之一边，而直接面对每个个体农户。

实际上，这一问题是当下乡村民主自治的总体困境的折射。随着城镇化进程的推进，青壮年一般外出打工，农村人口结构发生了巨大变化，留在农村的居民大多是年龄偏大、文化层次低、缺乏劳动技能的群体，这些人或参与决策的动力不强，或缺乏参与决策的素质能力。这种人员素质结构造成了乡村自治空间公共服务决策的民主性和科学性缺失的双重困境。有学者认为，在乡村公共服务决策中，知识文化水平和自身素质的局限性使农民无法真正地理解与决策相关的供需信息、地方知识、经验知识、理性知识与技术知识，在一定程度上丧失了与其他参与主体平等对话与交换意见的机会，导致农村公共服务决策成为难以体现居民真实意愿的强制性结果。由此，“一事一议”制度的乏力并不在于制度本身的设计，如果不能够进行基层动员和民主意识的培养，即使再完美的自治制度设计也将沦为空谈。居民决策参与缺乏并没有导致“项目下乡”受阻，居民的主体性缺位通过村庄精英来填补，由此可见，居民自治的弱化与村庄精英的强势介入是相辅相成的。在同一具体事项决策中，居民通过协商和投票决定事项，精英只能顺从民意，发挥组织和代表的功能；反之，居民参与无能，精英对事务的决断权将实质性地替代居民的表决权，即使最后以集体式的投票和签字形式进行决策也只是民主伪装，此时，居民的意愿表达与村庄精英的意愿表达看似一体，实际存在民意表达的背离。

最后，官僚体制内部的需求传输不畅通。从公共服务供给的类型看，有些公共服务可以细化为居民个人直接消费的服务，如“两补”资金、社保资金、医保资金、住房公积金等可以直接拨付到个人账户，且这类资金分配具有明确的使用范围和适用条件。这种公共服务的供给制度强调精细化和标准化，应由国家统一设计，排除个人和组织的肆意干涉，可以维护居民的合法权益和社会的公平性。有些公共服务具有地域性和差异性，如道路建设、文化场所建设、水利工程建设等，不仅受制于自然、经济条件，还存在多种方案选择，客观需要居民参与讨论。比如居家养老服务设施建设距离村民的服务半径过大，居民不愿意参与活动，就会造成资源闲置和社会收益降低。项目制中，发包方往往是中央政府相关部门，作为中央政府，主要负责全国性的和普遍性的决策，从经济、技术层面难以顾及基层的具体需求。这样在项目分配过程中容易陷入困境：如果政策设置越细致、越容易操作和监控，越可能与基层需求相背离；如果政策设置越模糊、越具有弹性，越可能在执行过程中走样。

从职能重要性看，中央政府进行项目分配时，不仅关注公共服务的属性，还与政治性相关。2013年7月1日，财政部发布《关于发挥一事一议财政奖补作用推动美丽乡村建设试点的通知》（财农改〔2013〕3号），将开展美丽乡村建设试点工作与农村公共服务供给紧密结合，明确提出继续抓好村级公益事业建设，逐步实现道路硬化、卫生净化、村庄绿化、村庄亮化、环境美化等目标，改善村容村貌和农民人居环境，建立健全农村基础设施和公益事业的长效管护机制。2015年《中共中央国务院关于打赢脱贫攻坚战的决定》提出了打赢脱贫攻坚战的总体要求：“到2020年稳定实现农村贫困人口不愁吃、不愁穿，义务教育、基本医疗、住房安全有保障。实现贫困地区农民人均可支配收入增长幅度高于全国平均水平，基本公共服务主要领域指标接近全国平均水平。确保我国现行标准下农村贫困人口实现脱贫，贫困县全部摘帽，解决区域性整体贫困。”同时，为了完成这一任务，进行了具体的目标设定，如到2020年稳定实现农村贫困人口不愁吃、不愁穿，义务教育、基本医疗、住房安全有保障，是贫困人口脱贫的基本要求和核心指标。并要求做好制定“摘帽”标准、加强社会监督和第三方评估、严格评估验收和追责机制等一系列保障工作。此外，有些常规性的任务，尤其需要地方政府把握的事项，可以通过转移支付的方式，依托县乡两级地方政府来提供公共服务。虽然这种资金的使用具有一定的灵活性，地方政府可以根据地方实际进行支配，但中央和上级政府一般会明确资金的用途，要求专款专用、单独核算，不能随意挪作他用。如财政部印发的《村级公益事业建设一事一议财政奖补资金管理办法》规定：一事一议财政奖补资金专项用于对农民通过一事一议筹资筹劳开展的村级公益事业建设项目的补助，任何单位或个人不得截留、挪用一事一议财政奖补资金，不得用于村办公场所建设、弥补村办公经费、村干部报酬等超出财政奖补范围的其他支出。

从上述分析可以看出，相对于按照既定标准分配居民个人的服务，村级公益事业建设项目存在需求信息传递的困境。按照科层制的委托代理关系，中央与地方之间、上级与下级之间、政府与自治组织之间存在多阶段的供需传递关系。按照信息传递的特点，信息传递的层级越多，信息失真的可能性越大，监督和控制的成本越高。尤其在不同主体之间存在目标差异的情况下，容易出现虚假执行和偏向执行，这样在供给与需求之间不免会出现衔接缝隙。一方面，中央政府围绕核心目标，如环境治理、脱贫攻坚等进行公共服务供给时，势必要加强制度供给，包括政策目标科学设定、信息畅通、监督体系建设、责任机制等，才能保证政策目标的有效实现，同时这也会扩大政府职能，增加政策执行成本，给政策的持续执行带来压力。另一方面，基层政府在供给公共服务过程中，由于占有信息优势，能够较好地回应社会的需求，供给与需求之间的缝隙相对较小，但地方政府需要将公共服务供给作为重要的民生目标，且拥有与之相应的财权保障能力。

四、乡村治理现代化情境下政府公共服务供给责任

城乡分化是伴随人类历史发展过程出现的现象。恩格斯认为“城市和乡村的对立作为整个社会分工的基础固定下来”是文明时代的特征。城市化过程是建立在个人理性活动基础上的整体非理性过程，尽管国家权力的介入、城市规划和城市制度建设可将城市发展纳入可控的理性过程，但这种理性也有一定的限度，在社会发展过程中，城市管理是一个不断进行调适的过程。当然，国家的介入可以对城乡发展关系产生影响：扩大或缩小城乡融合关系。

在新中国成立后相当长的历史时期内，在资源配置和发展战略方面，城市发展处于优先地位，农村发展则受到限制，城乡差距不断扩大。有学者认为，农村发展滞后也应考虑其自身的内源性因素。尽管存在“剪刀差”式的资源汲取和集体平均主义的体制束缚，但不能简单地将城乡差距归结为国家发展战略的偏离，农村内部的“人多地少”资源瓶颈和劳动投入的边际效益递减影响也是客观存在的。从人类发展过程看，城市从乡村中独立出现，本身就是社会分工以及生产力与生产关系发展的结果。在封建社会中，城市与乡村之间的所有制形式存在着差异，“一方面是土地所有制和束缚于土地所有制的农奴劳动，另一方面是拥有少量资本并支配着帮工劳动的自身劳动”。这样“每一个国家都存在着城乡之间的对立”。

国家的介入可以缩小城乡之间的差距。治理现代化背景下，政府应牢固树立民本思想，强化责任意识，促进公共服务供给水平的持续提高。从发展目标看，城乡公共服务均等化不是城市消灭农村，最终将农村变成城市，而是在保持农村和城市各自的特色和优势的前提下，使城市系统和农村系统均得到持续改善，同时通过农村与城市之间相互融通和相互促进，推进社会的整体协调发展。近些年来，党和政府高度关注城乡发展的不平衡，提出乡村振兴战略和共同富裕的发展目标。党的十八大将城乡一体化发展作为解决“三农”问题的根本途径，要求完善城乡发展一体化体制机制，推进城乡规划、基础设施、公共

服务等方面的一体化，促进城乡要素平等交换和公共资源均衡配置，形成以工促农、以城带乡、工农互惠、城乡一体的新型工农城乡关系。党的十九大报告指出：中国特色社会主义进入新时代，我国社会主要矛盾已经转化为人民日益增长的美好生活需要和不平衡不充分的发展之间的矛盾。需要在继续推动发展的基础上大力提升发展质量和效益。《乡村振兴战略规划（2018—2022年）》将增加农村公共服务供给列为乡村振兴战略的重要内容，提出继续把国家社会事业发展的重点放在农村，促进公共教育、医疗卫生、社会保障等资源向农村倾斜，逐步建立健全全民覆盖、普惠共享、城乡一体的基本公共服务体系，推进城乡基本公共服务均等化。

（一）完善以公共需求为导向的决策机制

提高公共服务决策的质量应突出公共需求导向，且这个过程是连续互动的。有学者认为这种关系体现在三个方面：一是地方政府和服务提供者的工作必须对公民的需求和期望作出反应，而且要评估服务对它们的对象产生的效果。因此，政府和服务提供者必须从公民那里获取他们的优先次序、偏好和对有关服务的评估等信息。二是信息不能是单向的，政府和服务提供者收集和分析的数据要与公民分享，这是提供有效的公共服务的关键。三是公民可以通过积极参与对服务的监督和评估而发挥建设性的作用。

政府是公共服务供给的最重要的主体，其服务理念和价值取向是制约其行为和公共服务创新的必要前提。由于长期受计划经济影响，我国政府还存在“重管理，轻服务”“重经济建设，轻社会发展”的现象。在治理现代化背景下，政府应以人民利益为中心，加强回应能力建设，树立经济、政治、文化、社会、生态文明“五位一体”的发展理念，并推动公共服务决策机制创新。具体包括以下三种：

首先，推动村庄内部公共服务决策机制创新。在村庄内部建立和完善“农民需求（集体意志表达）—农民供给（自筹资源配置）—村集体决策（乡村民主）”的决策模式，即强调通过村级集体民主决策，着重解决“需要做什么？”“如何做？”等问题。由于行政村是自治性治理单元，从长远看，应该倡导村庄自治，鼓励村庄尽可能在自身能力范围内解决公共服务供给问题，这样，有利于培养村庄自身的独立性。《中国共产党农村基层组织工作条例》《中华人民共和国村民委员会组织法》等相关的法律制度对村民民主决策方面均作了相关规定。《浙江省村级组织工作规则（试行）》提出村级重大事务决策实行“五议两公开”程序。其村级重大事务包括村级财务预决算，村集体经济项目的立项、承包、招投标方案，集体经济大额资金的使用，集体举债，以及兴修道路、桥梁、水利等村公益事业的“一事一议”筹资筹劳方案等内容。这些事务决策的一般程序具体包括党员群众建议、村党组织提议、村务联席会议商议、党员大会审议、村民（代表）会议决议、表决结果公开、实施情况公开。显然，“五议两公开”就是政府通过规范性的程序和制度引导群体行为，提升民主决策效果，破解集体行为困境。

其次，推动政府决策与村集体决策融合机制创新。发挥政府与村集体决策的双重优势，形成“农民需求（集体意志表达）—政府供给（项目资源配置）—政府决策/项目下乡（政府决策）”的决策模式。这种模式考虑到农村经济的薄弱性，完全由政府来提供公共服务。在实施过程中，既突出民主性导向，在村级自治组织内部实行民主决策，汇聚农民的意见，同时又突出科学性导向，作为项目发包方的政府对项目资金的使用方向、范围提出指导和规定，确保项目实施的规范性和有效性。如安徽省泗县在脱贫攻坚过程中持续提升农村公共服务水平，从供给与需求两个方面提升项目资金使用效率。在项目管理上，建立项目资金政策快速精准落地“直通车”机制。由驻村工作队自下而上地摸排村级需求，经乡镇汇总、相关主管部门审核、县级统筹，以县域贫困人口实际需求为依据，围绕基础设施、环境治理、医疗卫生、乡村文化、基础教育、养老服务、技能培训等各类事项，做好县域整体规划。科学设置和选择项目，不断完善县、乡、村三级项目库建设，确保“项目围绕规划定、资金贴着项目走”，严格扶贫规划、任务清单、资金整合清单、绩效清单的实施过程管理，做到精准施策。制定扶贫项目库建设“8步走流程”和扶贫项目资金管理“10步走流程”。项目建成移交后，通过“一事一议”“四议两公开”选择经营主体。组织扶贫、财政、审计、纪委以及项目主管部门对扶贫项目的实施情况、资金支付情况、项目资料整理归档及报送情况进行不定期督查，确保项目落地精准。

最后，发挥制度外和制度内资源的共同作用，形成“农民需求（集体意志表达）—政府农民共同供给（混合式资源配置）—混合决策/项目奖补（混合决策）”的决策模式。该模式仍然将农民需求作为决策的出发点，但资金投入上包括了农民自筹和政府补助两个部分，公共服务供给过程中强调农民与政府之间的互动决策。以嘉兴市为例，2010—2014年初全市村级公益事业建设“一事一议”财政奖补政策实施后，累计有169个项目立项，计划总投资1.89亿元，实际完成投资1.8068亿元，受益人口26.3万人次。在决策过程中，充分发挥了政府和村民共同参与作用。一方面，项目决策体现了政府的目标导向。根据省委、省政府“五水共治”要求，2014年省财政下达的“一事一议”财政奖补资金的70%用于支持“五水共治”相关项目，并以村内污水治理、村民饮用水工程、农业面源污染治理、河塘水塘沟渠改造等群众急盼解决的项目为重点，优先选择群众要求迫切、受益面大的项目进行申报。按照项目实际自筹资金1∶1∶1的标准进行奖补，其中村民自筹33%，市、区财政和省级财政分别承担33%。具体资金来源为：村级筹资筹劳1176.5万元，村级集体组织投入5117.52万元，社会捐助216.3万元，争取省级资金5338万元，市、区两级地方财政配套资金6220万元。另一方面，关注农村群众的公共服务需求。按照“惠民生，合民意”的目标，坚持走群众路线，通过走访调研、调查摸底，了解群众最迫切需要解决的问题，努力将“一事一议”项目真正建成民心工程。

（二）构建政府主导的多元供给体制

党的十九届五中全会提出要“健全基本公共服务体系，完善共建共治共享的社会治理制度，扎实推动共同富裕，不断增强人民群众获得感、幸福感、安全感，促进人的全面发展和社会全面进步”。乡村公共服务复杂多样，完全由政府供给或完全由农民自我供给可能造成政府负担过重或农民负担过重的偏颇，也会因模式的固化造成供给效率的低下。一般地，属于国防、社会安全、义务教育、弱势群体兜底服务等投资大、供给连续性强且难以收费的公共产品由政府来供给，对于投资规模小、经营方式灵活的项目可以创造条件，引入市场组织和社会组织，形成多种互补式的供给模式。乡村公共服务体系可以分为三个层级：第一层次是以传统的农村集体经济组织供给为基础，突出政府的供给责任和主导性；第二层次是在政府政策支持下市场、社会等多元主体负责提供政策性或公益性公共服务；第三层次是由市场主体提供的经营性公共服务。

首先，公共服务供给体制的创新依赖于政府内部各层次、各部门之间的协同。政府要更新理念，树立新型城乡发展观，将城乡融合发展和公共服务均等化作为重要目标；重视以人为本的理念，切实实现好、维护好和发展好广大人民群众的利益；改变GDP导向的政绩考核制度，强化绿色发展和公共服务供给的责任。一是按照权责对等的原则，合理配置各级政府的事权和财权。《中共中央关于制定国民经济和社会发展第十四个五年规划和二〇三五年远景目标的建议》提出，要“明确中央和地方政府事权与支出责任，健全省以下财政体制，增强基层公共服务保障能力”。尤其要保证基层政府的财权与事权相统一，防止农村税费改革后，出现基层政府事多责大、钱少权小的不均衡状态。要按照“一级政权、一级事权、一级财权、一级预算、一级产权、一级举债”的模式，完善以分税制为基础的分级财政制度。二是以整体型政府和服务型政府为指导，加强政府内部的协同管理。近年来，我国在此方面已经作了积极的创新尝试。2016年4月12日，国务院办公厅发布了《关于支持贫困县开展统筹整合使用财政涉农资金试点的意见》（国办发〔2016〕22号），强调落实中央统筹、省负总责、市县抓落实的脱贫攻坚工作机制。其中，中央政府负责厘定政策目标和专项资金配置，省级、地市级政府负责细化政策和配套资金配置，县市级政府负责具体落实，以资金使用为支点明确政府的权、责、利的统一。按照中央要求，贫困县要坚持目标导向和问题导向，发挥群众民主议事决策作用，编制切合本地实际的脱贫攻坚规划，做好与全国脱贫攻坚规划、各部门专项规划的衔接，确保完成“两不愁三保障”（不愁吃、不愁穿，义务教育、基本医疗和住房安全有保障）的目标任务。在政策实施中，坚持以县级政府为主体，全面统筹整合中央、省、市、县涉农资金，做到上下统筹、条块整合，同时，以财政资金统筹为主体，借助市场手段，带动金融资金和社会资金参与扶贫，发挥资金的整体效应，形成“多个渠道引水、一个龙头放水”的投资格局，提高扶贫资金使用效益。

其次，公共服务供给体制的创新需要依托以政府为主体的多元投资模式。党的第十九届四中全会强调，“创新公共服务提供方式，鼓励支持社会力量兴办公益事业，满足人民多层次多样化需求，使改革发展成果更多更公平惠及全体人民”。实现城乡公共服务均等化需要政府进行适当的政策倾斜，优先向农村实行公共资源配置，同时需要创新公共服务供给机制，通过民办公助等方式引入社会资本，扩大公共服务供给总量。据财政部统计，2011—2014年，政府各级财政累计投入“一事一议”财政奖补资金2660亿元，其中，中央财政811亿元，带动社会总投入5000多亿元，建成项目131万个。中央财政每投入1块钱，带动地方财政和社会投入5块多钱，农村生产生活条件和农村面貌显著改善。以安徽省泗县推进农村人居环境建设为例，政府从整合财政资金、土地出让金、土地增减挂指标交易、城投债券发行、政策性银行贷款、社会力量捐助等多个渠道筹集资金。按照“政府主导、企业运营、因村制宜、逐步推进”的思路，推进环境治理模式创新。通过EPC、PPP、政府购买服务等形式，优选专业化企业建设、运营、管理乡镇、村生活污水治理项目。探索污水旱厕一体化建设新模式，与北京首创公司合作，在黑塔镇韩徐村推进改水改厕一体化治理试点工作。与苏州首创嘉净环境工程有限公司合作对泗县已建乡镇、村污水处理厂进行检查、整改及推动后续运行。2018年，泗县县委、县政府继续加大涉农资金整合力度，调配6亿元用于全域农村环境“三大革命”整治。每年支付垃圾全覆盖服务费3828.83万元。此外，2014—2019年，公共厕所、村容整治、美丽乡村、污水处理等其他项目建设费用共达13.82亿元。

再次，公共服务供给体制的创新需要增强村级集体组织公共服务供给能力。在乡村振兴背景下，需要发展形式多样的农民专业经济合作组织，为农户提供农业技术、种子、机械及其他的产供销服务。深化行政村股份制改革，通过集体经济组织成员身份认定、清产核资、折股量化等改革，推动农村集体经济组织提效增能。推动村级集体经营方式创新和集体经济组织市场化、规范化进程，理顺村级自治决策组织与农村集体经营组织以及其他市场主体之间的关系。坚持以市场为导向，整合各农户或各村之间的分散资源，组建综合性集体经济发展有限公司。重视农村“三块地”改革，赋权扩能，推进产权制度和利益分配制度改革，积极发挥农村土地征收、集体经营性建设用地入市和农村宅基地制度改革在农村公共服务设施优化、环境整治、耕地保护、农民收入提升等方面的作用。

最后，完善农村公共服务多元供给机制还需要政府相关的政策支持。政府通过税收、贴息、补助等政策设计和资金激励，完善政府购买、公办民营、民办公助等各种具体合作方式。鼓励市场、社会组织等更多的主体参与农村公共服务供给过程，满足人们多层次多样化的需求。创新推动“社会影响力债券”（social impact bond，SIB），弥补政府资金短缺和社会服务不足的困境。鼓励建立乡村振兴融资平台、乡村振兴基金，拓展包括股权、债券、基金、信托等多种形式在内的融资渠道，发展乡村数字普惠金融，创新产业链、供应链金融服务新模式，探索特色保险品种，鼓励地方发行“三农”专项金融债券，完善“三农”融资担保体系。

（三）提升公共服务供给的规范性

近年来，由于农村社会的变迁以及税费改革等相关政策变化，我国农村公共服务供给系统正发生着巨大的变化。通过分税制改革，中央政府的财力得到很大程度的增强，可以加大对贫困地区转移支付的力度，改善农村基本公共服务水平，并积累了中央政府大规模推动基本公共服务建设的经验。同时，通过项目专项资金等方式，赋予了地方政府自由权，实际也有利于推动财权、事权的下放和服务重心下移。从长远发展看，提升公共服务供给的规范性是政府管理实践的需要。第一，在新旧体制交替的转型期，吸收国内外先进经验，减少政策失败，规范公共服务体制有效运转是一项十分重要的工作。与过去主要由乡镇政府、村和居民承担农村地区公共服务供给的模式不同，现在中央政府扮演的角色越来越明显，不仅着力提高公共服务水平，还制定了公共服务的国家标准，增加对地方政府的财政补贴，完善监督和评估机制等。如前所述，中央政府掌握了项目的发包权，地方政府承担着项目的具体运作权，两者之间还需要进一步理顺机制，规范过程运作，提高供给效果。2021年1月，《中共中央 国务院关于全面推进乡村振兴加快农业农村现代化的意见》提出“建立城乡公共资源均衡配置机制，强化农村基本公共服务供给县乡村统筹，逐步实现标准统一、制度并轨”。此外，以政府为主体的多元化公共服务供给体制也迫使政府在服务理念、服务平台、数字化服务等方面有所创新，构建相适应的农村公共服务创新的环境。第二，公共服务供给的规范性建设有利于加强农村公共服务供给监督管理。农村公共服务供给过程中还存在农村公共服务供给的部门多、资金分散，部门之间缺乏协作；制度外资金账证不全，监督成本偏高；资金使用环节多，过程不透明，存在资金滥用、挪用甚至贪污的问题；供给环节存在公共资金被层层“拔毛”，公共服务被层层加价的问题，需加强监督管理。

第一，公共服务供给的规范性建设需要提升农村自治组织运转的规范性。

长期以来，农村居民一般法律意识较为薄弱，宗族和熟人关系也往往影响民主决策过程；少数“两委”干部脱离群众，出现侵蚀群众利益的行为。因此，如何提升农村民主决策、民主管理的规范性是一个值得探究的问题。2013年，由浙江宁海县纪委牵头约20个县级部门及镇村干部经过反复讨论形成的“宁海县村级权力清单三十六条”就是监督、规范村级组织权力，促进民主管理的一项创新尝试。其内容包括村级重大决策事项、村级采购事项、村级财务管理事项、村级工作人员任用事项、阳光财务事项、村级集体资源和资产处置事项、村民宅基地申请事项、村民救助、救灾款申请事项、村民用章管理事项、服务村民其他事项等11类36条事项管理清单。其中，对涉及群众重大利益的决策事项实行“五议决策法”，在财务支出方面按照层级推出联村干部签字、联片领导和镇分管农村工作领导签字、村民代表会议等环节，通过规范村级小微权力运行程序，有效地解决项目下乡、干部腐败、村民参与、村务公开方面的难题。

第二，公共服务供给的规范性建设需要解决政府管理缝隙和碎片化问题。有些地方政府在这方面进行了积极创新。如安徽泗县为减少政策执行中的相互摩擦和推诿现象，按照“整体性政府”的要求，形成了“一把手”领导下的农村环境“三大革命”联席会议制度，由县委书记、县长任工作领导小组组长，按照命令统一原则，形成上下联动、部门协作、运转高效的工作机制。在具体任务分解、任务落实、协同推进方面，建立和完善生态环境保护部门“1+X”联席会商制度和信息共享机制，实行“一清单、一报告、一通报”，及时、有效地推进环境整治工作。在地方政府之间跨区域环境治理方面，泗县在上级政府指导下建立流域水环境保护联动协调机制及落实生态补偿机制。与灵璧县、泗洪县、五河县共同建立跨界河流水污染联防联控工作机制，实现上下游联动治理，及时做好水质异常预警提示。与五河县人民政府签订跨界河流水污染联防联控合作协议，对沱河流域进行监测预警、信息共享和联动治理，协商解决跨界水质、闸坝运行、渔业养殖、生态补偿等问题。

第三，公共服务供给的规范性建设还包括项目管理的制度化。由于农村公共服务具有需求复杂性、供给多元性、部门多样性、层次多阶性，这对农村公共服务的规范化和制度化建设构成了现实挑战。实践中，政府已开始尝试从民主性、技术性等角度推进乡村公共服务供给的制度化建设。2013年7月1日，财政部印发的《关于发挥一事一议财政奖补作用推动美丽乡村建设试点的通知》（财农改〔2013〕3号）就对相关问题作了具体规定，可以归纳为四个方面：（1）在民主决策方面，坚持以人为本，尊重农民主体地位；坚持以农村民生需求为导向，贯彻自下而上民主决策方式；严守“一事一议”民主议事程序，调动农民参与的积极性。（2）在科学决策方面，遵循渐进式决策思维，先局部试点和经验总结，再逐渐推广；突出地域特色，因地制宜，科学编制规划；深化乡村治理和公共服务供给保障机制等改革，完善制度机制。（3）在多元参与方面，加大资金整合与统筹，坚持多元投入，发挥财政资金“四两拨千斤”的作用；加强顶层设计和统筹协调；坚持以县为主，统筹推进，协同配合。（4）在约束激励方面，实行村级申报、乡镇初审、县级审批的分级管理制度；加强监督检查和竣工验收；严格资金使用管理，实行资金专户管理和报账制；加强绩效考评，严格问责制度。

从改革路径看，总体上延续科层化技术治理逻辑，试图通过目标精细化、程序合理化、指标体系化等方式来规范主体行为的不确定性，但有些问题仍然只停留在理念认知层面，标准模糊，难以转化为可操作和可测量的指标，如科学决策、因地制宜、协同配合等。不过，在信息化社会中，由于工具的进步，这种技术理性获得了更多的扩展空间。很多地方政府主动推动数字化政府建设，通过信息共享来消减官僚制各层次、各部门之间的“孤岛效应”，使官员的行为更加透明化，使工作更有效率。这种外在的约束机制在一定程度上可以弥补制度本身的不足。同时，借助于信息技术，可以构建“纵向到底、横向到边”公共服务网络，促进公共服务的规范化、制度化运作，使传统的公共服务供给方式得到提质增速扩效，如医疗卫生、农技服务、垃圾分类、环境监测、民政救助、法律服务、社会保障、项目管理等各种公共服务可以实现集中便利化管理，打造“一门式办理”“一站式服务”的综合服务平台，从而推动公共服务的整合优化，打通乡村公共服务的“最后一公里”。

第四章

村级组织建设与乡村治理现代化

国家治理体系和治理能力现代化建设是我国新时代全面发展的实践需要，也是完善中国特色社会主义制度的基本要求。党的十八届三中全会强调“全面深化改革的总目标，就是完善和发展中国特色社会主义制度、推进国家治理体系和治理能力现代化”。党的十九届四中全会审议通过《中共中央关于坚持和完善中国特色社会主义制度、推进国家治理体系和治理能力现代化若干重大问题的决定》，提出国家治理体系和治理能力现代化建设的阶段目标，即到2035年，我国各方面制度更加完善，基本实现国家治理体系和治理能力现代化；到新中国成立一百年时，全面实现国家治理体系和治理能力现代化。

在此背景下，乡村组织与乡村治理现代化建设已经提上了日程。一方面，需要加强农村组织建设，坚持基层党组织领导、人民当家作主与依法治国紧密结合，不断完善农村治理体系建设，推进农村经济、政治、文化、社会、生态文明的协同发展，为乡村振兴服务提供必要的组织保障；另一方面，需要加强农村基层治理能力建设，正视乡村组织体系中存在的各种问题，尤其在当前中国城乡差异依存和城乡融合深入的现实背景下，乡村自治的社会性质与科层化、专业化、职业化的组织职能偏向之间的内在张力，出现乡村组织治理现代化转型的困境。从发展视角看，我国乡村治理模式应具有鲜明的中国乡土气息，不能割断历史情节，更不能简单地复制西方及其他国家发展的模式，而应是结合中国实践进行持续创新，提升乡村治理效能，提高群体的满意度，实现社会公平。

一、乡村治理发展中的基层组织体系

（一）乡村组织体系的历史发展

乡村治理体系是国家总体治理体系的组成部分。从历史发展看，乡村治理体系的内在结构及变化方向取决于时代环境。自秦朝在全国推行郡县制之后，中央集权制不断得到加强，包括官员的选拔、任命、监督都牢牢掌握在以皇帝为中心的统治集团手中。随着郡县制替代分封制，中央到地方垂直管理逐渐层级化和规范化，国家管理水平有了很大的提升。在长期的皇权统治下，以中央与地方政府为中心的官僚体制并没有延伸到乡村空间，中央与基层之间仍然维持着一种松散关系。国家幅员辽阔、人口众多，各地自然状况差异大，公共服务需求总量大且区域差异性明显，政府无法实施统一的、精准化的管理。与之相对的是，在生产力落后的农业社会，农户并不能提供过多的实物和税收，国家支付能力有限，无法供养更多的公务人员，也无法提供更多的公共服务。这不得不依赖于民间的、无薪酬的、为官府认可的半正式人员性质的乡绅阶层来承担国家的延伸功能，如辅助政府完成征税、治安、教化等任务。民间自治与国家官僚治理在相互依赖中实现了国家与社会秩序的构建和维持。由此，有学者认为中国与西方不同，国家与人民、政府与民众之间并不是一种“非此即彼的对立二元的形式主义逻辑思维”，实际中，两者形成了一种二元的、互动的、交融的关系，具有半正式的简约基层治理体系，甚至在当前的行政村和村小组的自治组织仍然延续了基层治理的半政府、半民间的传统。

国家与乡村社会的二元结构关系是通过“中央政府—地方政府—乡村社会”的总体性治理功能的分层，实现了广域国家的整合，同时在国家与社会之间构建了资源摄取、服务供给、信息流通的互动渠道，既保障了国家机器的有效运转，也维持乡村社会的独立性。有学者认为，在传统乡村治理模式中，村庄治理权威是自上而下的权威与自下而上的权威的结合，自下而上的权威包括自耕农与士绅之间、佃农与地主之间、小农与宗族头人之间的互动；自上而下的权威包括国家通过赋税代征、村庄水利建设、儒家教化等方式影响乡村和小农社会。传统乡村治理模式是以“自上而下的权力”“自下而上的权力”和“市场和社会联结的权力”为内容的“三位一体”治理模式，其影响因素包括强制性、自主性、儒家教化和社会化水平四个方面。

当然，乡村治理属于社会实践的范畴，其更迭和演进符合历史唯物主义规律。在生产力落后的农业社会，土地作为维系农业发展的基本资料，围绕土地的区位、经济关系形成了人与人之间丰富的社会关系，血缘的纽带交织其中，形成了自然村落的分布格局。在工业社会，土地对人的束缚性大大减少，在市场经济活动中，人们可能从事非农业领域的活动，更多从农村到城市或跨区域的经济活动，使传统的村庄治理面临现代化转型的挑战。另一方面，乡村治理模式又不免与社会总体的制度选择有重要的联系，如人民公社时期的“政社合一”制度设计与家庭联产承包责任制后的“乡政村治”制度对乡村治理的方式、内涵及特点分别产生了不同的影响。这在第二章内容中有所提及，此处不赘述。

（二）当前乡村组织体系的结构

在特定的乡村社会，组织存在的合理性在于其满足社会某种需求的功能。如果这种需求是刚性的需求，且无法为其他组织所满足，这类组织的合理性就越强。反之，如果这种需求可有可无，或者需求能够为其他组织所满足，该组织的合理性则受到质疑。乡村组织的合理性思考是制度改革的前提，尽管有些组织是一种历史的延续和自发的过程，不是理性设计的结果，但这种经久不绝的组织必然具有内在合理属性。例如，在传统的治理体系中，乡绅发挥着重要的作用。新时期，在一些地方的改革实践中，新乡贤往往被视为乡村治理的重要力量。1980年，广西宜州市合寨村村民率先成立村民委员会，这种组织创新有效地解决了当地社会治安等治理难题。从根本上讲，也契合了家庭联产承包责任制后村民集体行动的治理需求，这种组织创新最终得到认可并加以推广。

改革开放以来，乡村治理中各类组织发展迅速，并形成了复杂的治理体系。有学者认为乡村场域中存在多种组织叠加的状态。这些组织的性质、功能定位、权力来源、权力取向各不相同，且存在组织交叉、组织覆盖、组织挤压、组织错乱等“组织叠加效应”，也造成了乡村“权力过密化”的组织基础。依据组织属性、授权来源和组织职能，这些组织大致可以分为行政性组织、半行政化组织、自治性组织三种类型。行政性组织主要有驻村第一书记、乡镇包村干部、驻村工作队等组织，是上级党政部门为落实政府工作任务和解决重点问题而派遣的组织和人员。这类组织更多地代表了政府的意志。半行政化组织包括村党支部、村委会，这类组织虽然属于自治性组织，但受到乡镇政府影响较大。自治性组织包括村民代表大会、村民代表会议、村务监督委员会、村财务监督小组、村民议事会、村民理事会、村集体经济合作社、村集体经济股份公司、村民土地合作社、村民金融合作社等各种自治性组织。这种分类仍然基于“政府—社会”的二元思维，即哪些组织更能体现政府的意志，哪些组织更体现地方民众的意志。在组织定位上，村级组织属于自治性组织，《中华人民共和国村民委员会组织法》已明确了基层党组织、村民会议或者村民代表会议、村民委员会、村务监督委员会等组织的性质和功能。行政性组织一般不是乡村组织的基本建构，《中华人民共和国村民委员会组织法》也没有涉及上述行政性组织的功能和定位，而是指出乡、民族乡、镇的人民政府对村民委员会的工作给予指导、支持和帮助，但是不得干预依法属于村民自治范围内的事项。就此而言，行政性组织设定是根据乡村发展的任务和工作需要，且具有较大的变动性。如脱贫攻坚阶段，贫困村普遍设有驻村第一书记和驻村工作队，使之成为政府与乡村的连接点，其工作重心在于弥补贫困村基层组织力量的不足，助力完成脱贫攻坚任务。

乡村组织数量众多，良莠不齐，而乡村组织体系的完善不只是看乡村组织的数量，更在于其整体的结构和功能。由此，有学者将村民会议、村民代表会议归类为权力机构，将村民委员会、村民小组归类为工作机构。以下从乡村组织的角色与功能来分析，如何发挥村民会议、村民代表会议、村民委员会、村务监督委员会等各类组织的作用，才有利于促进村民参与，保障农民利益，推动农村的长远发展。

第一，加强基层党组织的领导作用。我国是共产党领导的国家，加强党对农村工作的领导和完善农村基层组织建设是农村改革发展稳定的政治和组织保证。首先，党的农村基层组织在乡村组织体系中居于主导地位。2019年党中央修订的《中国共产党农村基层组织工作条例》明确规定党的农村基层组织应当加强对各类组织的统一领导，打造充满活力、和谐有序的善治乡村，形成共建共治共享的乡村治理格局。具体可以通过不同组织中的党员交叉任职达到统筹协调和领导作用，如规定村党组织书记应当通过法定程序担任村民委员会主任和村级集体经济组织、合作经济组织负责人，村“两委”班子成员应当交叉任职。村务监督委员会主任一般由党员担任，也可以由非村民委员会成员的村党组织班子成员兼任。村民委员会成员、村民代表中党员应当占一定比例。其次，村党组织在决策中发挥着领导核心作用。《中国共产党农村基层组织工作条例》规定了村党组织的主要职责之一是：讨论和决定本村经济建设、政治建设、文化建设、社会建设、生态文明建设和党的建设以及乡村振兴中的重要问题并及时向乡镇党委报告。同时，将党的领导与村民当家做主紧密结合起来，规定需由村民委员会提请村民会议、村民代表会议决定的事情或者集体经济组织决定的重要事项，经村党组织研究讨论后，由村民会议、村民代表会议或者集体经济组织依照法律和有关规定作出决定。在村级重大事项决策过程中，实行“四议两公开”工作方法，提高决策效果。

第二，发挥民主决策类组织的功能。从组织形式看，村民会议、村民代表会议是实现村民当家做主，进行民主决策和民主管理的基本组织形式。乡村治理的民主性在于组织设计必须具备满足村民民意表达需要的功能，即保证一定数量的、有决策能力的（年满18周岁）村民按照一定的程序和规则参与相关事项的讨论决定。

第三，提升乡村组织的执行能力。乡村组织执行的任务包括两大类：一是政府交付的各类任务，如土地整理、疫情防控等；二是村庄自身的各类公共服务建设，如乡风文明、环境治理、道路建设、引水工程、农田水利等。乡村治理的有效性与组织的执行力有密切的关系。村民参与议事有利于集体意志的表达，但又容易出现权责不分、相互推诿、运转不畅等政策执行的困境。有些组织，如村民委员会、村民小组等，人员数量较少，分工明确，权责集中，具有相对的政策执行优势。在组织职能定位上，村民委员会应当执行村民会议、村民代表会议的决定、决议。如村民委员会一般由主任、副主任和委员组成，人数规模3—7人，并根据工作需要设人民调解、治安保卫、公共卫生等委员会，由村民委员会成员分工负责人民调解、治安保卫、公共卫生等工作。村民小组隶属于村民委员会，其功能在于承担村委会与本组村民之间信息反馈和沟通的职责，并协助村委会处理本村的公共事务和公益事业。

第四，壮大集体经济组织的实力。农村集体经济组织在乡村治理体系中处于重要位置，村级组织的自我管理和自我服务的能力与村级集体经济水平有很大关联。《中华人民共和国村民委员会组织法》规定了村民委员会主要职责是办理本村的公共事务和公益事业，而村庄相关的垃圾分类、村庄清洁、庭院改造、自来水建设、五水共治、三改一拆、村道建设、文化礼堂、居家养老服务、防灾防疫等各项事务的有效开展均依赖于充足的资金支持。从实践看，集体经济组织也与土地所有权、集体经济收益分配等群众关注的利益问题密切相关，影响乡村的和谐与稳定。从长远看，推进农村集体经济改革，创新村级集体经营方式，是乡村发展的一项重要任务。为此，党的十九大报告强调要深化农村集体产权制度改革，保障农民财产权益，壮大集体经济。深化行政村股份制改革需要推动资源变资产、资金变股金、农民变股东，完善农村集体经济新的实现形式和运行机制。要理顺村级自治决策组织与农村集体经营组织以及其他市场主体之间的关系，推进产权改革和集体经济组织市场化、规范化进程。要坚持农村集体产权制度改革正确方向，发挥村党组织对集体经济组织的领导核心作用，防止内部少数人控制和外部资本侵占集体资产。

第五，发挥村务监督委员会的民主监督功能。村务监督委员会主要是在党组织的领导下对村级事务实施监督，在遏制乡村腐败、促进和谐稳定、提升治理水平方面具有重要意义。2017年，中共中央办公厅、国务院办公厅印发了《关于建立健全村务监督委员会的指导意见》，对村务监督委员会的职责权限、监督内容、工作方式等方面作了具体规定。村务监督委员会及其成员具有知情权、质询权、审核权、建议权、民主评议权等权利，可以紧密结合村情实际，重点加强对村务决策和公开、村级财产管理、村工程项目建设、惠农政策措施落实、农村精神文明建设及其他应当监督的事项进行监督。近年来，有些地方将村务监督委员会建设与规范“小微权力”改革相结合，加强对问题集中和重点领域的精细化管理，将村民关注的 “三资”管理、工程招投标、村级负债等问题优先纳入“小微权力”规范运行管理范围。

第六，重视乡贤理事会、民兵连、妇联、共青团、老龄协会等其他各类组织的作用。这些组织与村民的需求紧密结合，在乡村治理的不同领域发挥着重要作用，也是村民参与公共事务管理的具体形式。如乡贤理事会在村庄精英联系、村庄事务商议和乡风文明建设等方面发挥了沟通协调作用。民兵连在乡村抢险救灾、疫情防控、平安建设等方面发挥了参与作用。妇联、共青团等组织在妇女权益保障、儿童教育、文化活动等方面发挥了组织动员作用。老龄协会在居家养老等事务方面发挥了辅助作用。为了发挥多元社会组织的治理作用，有些地方将性质相同、业务相近的社会组织联合起来，形成乡村治理的合力。如2009年北京市社会建设工作领导小组办公室印发了《关于构建市级“枢纽型”社会组织工作体系的暂行办法》，提出通过构建“枢纽型”社会组织工作体系，创新社会组织管理体制和工作机制。近年来，浙江诸暨市为加强社会组织规范化建设，推进社区社会组织“1+5+X”体系建设，打造基层社会治理共同体。坚持党建引领，制定村级社会组织“5+X”标准化培育发展流程，构建乡贤参事类、平安巡防类、乡风文明类、志愿服务类、矛盾调解类等五类基础型社会组织，因村制宜培育“X”类个性化社会组织，实现村级社会组织“5+X”标准化建设全覆盖。

二、行政化治理与村级组织自治的耦合机制

国家与社会都体现了人的主体性和客观现实性，“社会结构和国家总是从一定的个人的生活过程中产生的”。乡村治理模式争议始终离不开村民自治领域与国家权力领域之间的划分和纠葛，从现实需要看，两者之间是相互依存的，国家离不开社会，社会也离不开国家。从价值理性看，乡村自治体的发展应满足人的全面发展的需要，当自治体无法创造条件满足人自身发展的时候，其诉求必然转向于国家。同样，国家职能也是以满足人之正当发展的价值为引领。正因如此，《中共中央国务院关于实施乡村振兴战略的意见》强调把维护农民群众根本利益、促进农民共同富裕作为党和政府工作的出发点和落脚点。

村庄共同体价值目标的实现一般依赖于组织的力量，在实施家庭联产承包责任制之后，农业产业具体经营活动由个体农户来承担，遵循经济人理性和市场规律，保持自由有序的竞争，而村域公共服务职能则由村级自治组织来承担。在城乡差距悬殊、自治组织无力的情形下，政府介入不可避免地产生。自治激励和行政激励可能产生叠加共振效应，促进乡村振兴，但行政激励也可能导致自治激励的弱化，加剧乡村发展对政府的依赖性，从而降低了治理效应。由此，在行政化治理与村级组织自治的互动过程中，需要通过服务耦合、组织耦合和政治耦合，促进两者之间良性互动，实现乡村治理现代化。

（一）服务耦合：农民需求与政府供给的衔接

十九大报告指出，我国社会主要矛盾已经转化为人民日益增长的美好生活需要和不平衡不充分的发展之间的矛盾。在城乡二元体制下，农村基础设施落后，公共服务相对缺乏。作为农民个人，无法改变公共服务滞后的状况，其可行的、理性的选择，是采取“用脚投票”的方法，通过各种方式从农村地区转移到城市地区。而政府和集体组织则需要正视农民的需求，通过组织化的方式来改变乡村环境，促进城乡均衡发展。

在乡村公共服务的供给中存在“一元两体”格局。“一元”是体现农村广大居民的总体性需求，尤其是老少边穷等条件比较艰苦的地区，这种需求更为强烈。“两体”是两种混合式的供给机制，即乡村自我供给与政府的供给。按照戴维·伊斯顿政治系统观点，外部环境向政治系统提出诉求，政治系统将这种诉求进行转化，最后以政策产品的方式输出，从而改变了外部环境。在乡村社会系统中，如果这种“输入—转化—输出”得到有效运行，乡村自治组织不仅需要敏锐地把握农民的需求，通过民主决策方式将这种需求转化为具体政策，同时乡村组织必须拥有可实现这些政策的资源。当前农村发展的最大困境就在于庞大的需求与有限的供给之间的不平衡。在此情形下，“一事一议”式的农村公共产品供给机制往往陷入困境。由此，通过改革和制度创新发挥农民的主体积极性，稳步提高农业综合生产能力，促进农村一二三产业融合发展，实现农业农村现代化，是乡村振兴的必然要求，也是有效提升农村自我供给能力，实现农村公共服务供给从“输血”向“造血”转变的必要选择。

显然，在乡村系统无法实现公共产品的“需求—供给”后，政府的介入则具有必然性。尽管很多人对政府权力介入农村后，导致乡村的科层化和行政化趋向感到担忧，但他们对没有政府介入时乡村系统独立发展的困境却无法提供有效的解决方案。政府权力对乡村介入实际仍然遵循了“输入—转化—输出”的逻辑。在输入端，是通过自下而上的方式将农村地区农民的需求有效地传入政府决策部门，这是决策科学化的前提。在这一过程中，完善的村级自治组织可以发挥民意的汇聚功能。习近平总书记在2015减贫与发展高层论坛的主旨演讲中指出，中国在扶贫攻坚工作中所采取的重要举措，就是实施精准扶贫方略，找到“贫根”，对症下药，靶向治疗。在转化阶段，政府的职责就是通过理性化、科学化、技术化的方式将这些模糊的、感性的，甚至相互冲突的需求转化为可操作的政策。其中以项目制最为常见，通过目标设定、资源配置、计划安排、责任划定、指标评测、监督考核等一揽子规划来解决特定的问题。如脱贫攻坚的主要任务可以细化为产业脱贫、就业脱贫、易地扶贫搬迁、生态保护脱贫、智力扶贫、社保兜底脱贫、健康脱贫、基础设施建设扶贫、金融扶贫、社会扶贫等十大工程。即使是内容广泛的乡村振兴战略，也被概括为产业兴旺、生态宜居、乡风文明、治理有效、生活富裕五大方面22个主要指标。在输出阶段，通过政策公布和自上而下的政策贯彻，确保政策的执行效果。有些重大决策往往需要顶层设计，由党中央、国务院直接颁布，地方各级政府通过层级传递的方式执行。为了确保政策不走样，中央和上级政府往往采用督查、考核和追责等手段。在政策执行过程中，地方政府实际面临两种选择：一是对上级政府负责，由于项目是自上而下地执行，上级政府又掌握了考评、奖惩、晋升等权力，这是一种“硬约束”。二是对基层群众负责，根据群众的诉求进行选择。这里并不是说这种“对上”“对下”之间存在必然的对立，而是更多地体现了治理和技术层面的困境。一方面，政策层级越高，执行环节越多，越可能出现政策走样，于是决策者监督考评会越细致，而标准操作越细致，越可能导致政策与地方实际产生偏差，从而导致政策的“内卷化”困境。另一方面，基于地方区域差异性明显以及政策“一刀切”所带来的被动性适应，政策创新的可能途径是在中央设置的政策框架内，将事权和责任下移到更底层的地方政府，使地方政府在贯彻政策精神的前提下根据农村实际情况，因地制宜地实施政策，使政策更具有回应性。在脱贫攻坚中，县级政府根据政策规定可以对中央和上级财政资金进行统筹使用，并按照当地农民需求和农村发展的实际问题建立项目库，从而有利于实现农民需求与政府供给之间的有效衔接。

（二）组织耦合：乡镇组织管理功能与村组织治理功能的叠加

从功能上划分，政府是行使公共权力的领域，村级组织是村民自治的领域，是保障村民民主选举、民主决策、民主管理、民主监督的基本需要，但两者之间不是相互封闭的。从内在建构看，国家与社会存在相互嵌置关系。社会基本单元的“家”与作为国家基本单元的“户”合为一体的家户制度，体现了社会与国家的相互渗透和包容，并构成了中国传统国家政治的坚实基础。在不同的历史阶段，社会生产的组织方式对政府与乡村社会之间的关系产生着深刻的影响。在组织层面，主要表现为组织外在形态的变化和组织内在功能的迁移。在人民公社时期，政社合一的一元式管理体制，使人民公社成为具备政府管理和社会管理双重功能的组织，政府与社会之间分界模糊，过度的社会国家化导致传统乡村的自治性受到抑制，政府也因纷繁复杂的事务而陷入低效的状态。改革开放后，在农村地区政府与社会的功能得到重新划分，政府组织与自治组织在各自领域发挥着积极作用。社会的归位使自治性组织从严格的政府规制的框架中解脱出来，彰显了自身生长机制和活力。为了适应社会发展形势，政府积极为社会组织发展创造宽松的社会环境，将社会组织培育和建设纳入考核内容，通过降低准入门槛、简化登记程序和便利化备案管理、建立社区社会组织服务中心（平台）、提供场所和资金支持、采取政府购买服务等方式鼓励和支持社会组织发展。2020年7月，浙江省人民代表大会常务委员会颁布了《关于推进和规范社区社会组织参与基层社会治理的决定》，提出重点发展基层群众自治、平安建设、公共服务以及为特定群体服务的专业型社区社会组织，优先培育扶持一批参与治理能力强、效果好的社区社会组织。政府加大对社会组织的扶持力度，将适宜于社会组织承担的公共服务事务交与其承担；有些具有行政性、政策性的村庄管理事务，往往由政府自身承担或在乡村设立代理性机构。前者如为解决农村集体三资(资产、资金、资源)管理混乱问题，通过“村务镇管”方式由镇党委、政府部门介入村内重大事务决策审查和财务规范化管理。后者通过在乡村设立第一书记、工作队、包村干部等组织来承担特定事务的管理。

组织内在功能的叠加有时并没有体现于组织外在形式的变化，如组织和人员数量的增加，而在于组织职责和功能的变化，这种变化是隐性的。在乡村改革中，村干部工资由政府转移支付，其工资结构一般由基本工资和绩效工资组成，其中绩效工资主要根据完成任务的数量和质量进行考核。有些村级工作的考核包括基层党组织建设、平安建设及信访稳定工作、殡葬改革工作、垃圾分类及其他乡镇重点工作任务等内容，其中有些事务不完全属于乡村自治范围，而属于政府管理范围，这些事务便成为村级组织“叠加”的内容①。一般而言，村级组织的功能叠加是政府通过一定方式将原由政府负责的事项转移由村级组织来执行，同时政府凭借掌握了资源配置权和监督权，使这种功能转移得以成功。有时，也存在自下而上的“逆向”转移，即将原来由村级组织承担的功能转移到乡镇政府，产生了乡镇政府功能的叠加。如村级组织具有自我管理、自我监督的功能，并设有村务监督委员会等相关组织专门负责村民民主理财、村务监督等任务，但实施“村务镇管”之后，这种监督的功能更多地向乡镇政府转移了。不过这两种叠加产生的具体效果不一样，前者导致村级组织治理事项增加，治理压力增大；后者导致乡村治理权力变小，治理自主性受到抑制。有的地方在基层创新决策中，提出“五议一审两公开”制度，与“四议两公开”相比，增多了“群众公开评议”和“乡镇党委、政府审核把关”两个环

---

① 有学者在考察乡村各类组织特征后，认为不同乡村治理组织的组织叠加、角色叠加、职权叠加、规则叠加和利益叠加，造成多重权力的叠加覆盖、多重权力边界不清和定位不明，最终形成乡村治理的“权力过密化”现象。参见：周少来．“权力过密化”：乡村治理结构性问题及其转型 [J]. 探索，2020（3）：118–126，2.

节，要求那些涉及村级重大事项的决策初步方案须报送上级党委，由上级党委部门重点对其决策的合法性、可行性、专业性等进行审核，无异议后再提交村党员大会审议。显然，这一创新实践与现有的《村民委员会组织法 》和《中国共产党农村基层组织工作条例》所规定的村级重大事项决策由村级党组织、村“两委”、党员大会、村民会议或者村民代表会议等村级自治组织共同决定的范围有所不同，乡镇党委和政府通过叠加的村级重大事项决策审核，更便于对乡村建设和发展施加直接的影响。

（三）政治耦合：村党组织与乡镇党组织的联结

中国共产党的领导是我国的政治优势，也是社会主义制度优势的体现。《中国共产党农村基层组织工作条例》指出，坚持和加强党对农村工作的全面领导，深入实施乡村振兴战略，推动全面从严治党向基层延伸，提高党的农村基层组织建设质量，为新时代乡村全面振兴提供坚强政治和组织保证。发挥基层党组织的领导作用就需要党在农村工作中能够总揽全局、协调各方。具体而言，基层党组织的联结机制主要体现在三个方面：行政村内部各组织之间的联结机制、行政村党组织与上级党组织之间的联结机制、乡镇级党组织对区域乡村的联结机制。这三种联结机制相互沟通，形成“工”字形联结网络。

在行政村内部，建构各组织之间的联结机制。根据相关政策规定，在人事上要求村党组织书记通过法定程序担任村民委员会主任和村级集体经济组织、合作经济组织负责人，村“两委”班子成员应当交叉任职。这种联结机制通过“一肩挑”方式解决对上级党组织负责的村党组织与对下负责的村委会之间的矛盾，实现对上对下的“一元”负责制，有利于增强村级组织的凝聚力和战斗力。有些地方将党组织延伸到村民小组、企业、社会组织等领域，以党建引领营建末梢治理的新格局。如云南省腾冲市为解决农村基层党组织弱化、治理落后等问题，在村民小组（自然村）构建了“1+1+N”农村末梢治理体系，即建强一个村民小组党组织（1），组建一个村民自我管理自我治理小组（1），健全N个群众组织（N），建立党建引领下的乡村“微治理”，形成总支连支部、支部连小组、小组连党员、党员连农户的联动机制，使党组织和党员成为末梢治理的“领头雁”，把党建工作与末梢治理深度融合，打通基层社会治理“最后一公里”。

建立行政村党组织与上级党组织之间的联结机制，保持党领导的执行力。有学者将村党组织视为国家机关与村庄社会之间的连接纽带和“政策传动装置”。依据村党组织和乡镇党组织的职责，两者之间在组织领导上有明确的自上而下的层级领导关系。《中国共产党农村基层组织工作条例》将“加强乡镇党委自身建设和村党组织建设，以及其他隶属乡镇党委的党组织建设”列入乡镇党委的主要职责范围，规定乡镇党委应当全面落实抓村级组织建设的直接责任。一方面，乡镇党委书记和党委领导班子其他成员应当包村联户，经常沉下去摸情况、查问题，并及时研究解决。另一方面，村党组织的主要职责之一是宣传和贯彻执行党的路线方针政策和党中央、上级党组织及本村党员大会（党员代表大会）的决议，而村级党组织与上级党组织之间人事流动制度更强化了两者之间的联结关系。《中共中央国务院关于实施乡村振兴战略的意见》规定，健全从优秀村党组织书记中选拔乡镇领导干部、考录乡镇机关公务员、招聘乡镇事业编制人员制度。

有些地方在上下沟通机制的创新方面也作了积极的尝试。如上海市嘉定区“四套班子”成员带头在23个基层党组织中建立党支部工作联系点，带动全区建立711个党支部工作联系点，覆盖村居、机关事业单位、国企、“两新”组织等各领域、各行业。通过联系服务和对接工作，帮助支部解决突出问题，发挥党员领导干部在党支部建设中的示范带动作用。新疆福海县以“对口包联，分层指导”方式推行党委（党组）书记党支部工作联系点制度。7名县级领导、28名部门（单位）党委（党组）书记重点从软弱涣散党支部、非公和社会组织、有业务指导关系的企事业单位等党支部中，分别选择1个工作相对薄弱、问题相对集中的党支部作为联系点。乡（镇、场）7名党委书记分别挂钩联系1个村（社区）党组织和1个村（居）民小组党支部，定期列席指导“三会一课”、主题党日等，引导基层党支部不断规范组织生活，形成主动联系、上下互动、互推互促的良好工作局面。

乡镇级党组织对区域乡村的联结机制是发挥乡镇级党组织的中心和纽带作用，构建更广泛的治理共同体的需要。有些农村公共事务管理超越了行政村范围，如道路建设、河流治理、组团发展等，客观需要更广区域的村际合作。在上级党委的支持下，各村党组织进行合作容易形成有效的治理机制以解决治理碎片化问题。例如，河南省方城县袁店回族乡对三个行政村党支部进行整合，成立了联合党支部，探索建立村党支部之间、村党支部与辖区企业党组织之间的共建共享机制，推动村委会工作共享和区域连片开发建设，加强村与村“两委”之间工作的沟通和联动。

三、乡村组织治理现代化转型的困境

中国农村基层民主的发展样态存在阶段性和历史传承性特点，经历了“传统的臣民意识”“近代的权利启蒙”“现代的政治动员”“当前的农民民主能力建设”的发展过程，并具有相应的“传统村落自治”“近代乡村建设”“农村集体化”“村民自治”“协商民主”的特点。探索乡村治理变迁规律，需要深入乡村发展的时代背景。改革开放以来，我国乡村自治制度不断完善，在乡村建设、社会发展、社会稳定等方面发挥了积极的作用，已成为中国特色社会主义政治制度的组成部分。但当前我国的乡村治理仍然存在着不少挑战，理性的制度设计与现实的治理状况之间尚有较大的反差。主观方面，在生产力落后的环境下，政府不得不采取城市和工业优先发展的战略，导致区域发展不均衡。客观方面，我国幅员辽阔，各地自然禀赋、发展条件存在较大差异，且社会的分层、结构变迁都在不知不觉地发生变化，基层自治制度需要有足够的弹性来满足不同地区的发展需求。在市场经济快速发展的条件下，传统的乡村管理正在向全面治理阶段转变，具体表现为四个方面：一是乡村主体的转变。在城乡分割的背景下，人员流动导致了农村留守群体以妇女、儿童和老人为主，而在未来的城乡融合发展环境下，乡村的吸引力增强，出现部分人员由城市到农村的“逆向流动”，农村居民的主体将包括种田能手、乡贤、青年大学生、中产阶级等。二是乡村功能的转变。在城乡二元体制下，城市优先发展战略和“工农业剪刀差”导致了农村发展滞后，而在城乡一体化发展阶段，乡村功能将得到充分挖掘，生态保护与建设功能、绿色农产品生产与供应功能、乡风文明与文化传承功能、康养与休憩功能等将成为人们新的需求，农村将成为适宜人居住的地方。三是乡村治理时机的出现。新时期乡村治理的经济基础和社会基础出现了较大变化，前者包括生产力发展和农村温饱问题的解决、资源向乡村倾斜和国家的转移支付、乡村公共服务供给的多元化等，后者包括对城乡空间秩序重组、乡村社会秩序重构、乡村生产规则重建的共识。四是乡村治理的社会倒逼。坚持问题导向的治理改革必然回归到乡村治理的本源和常态，建立信任、生态、友好的乡村社会网络系统。

乡村环境的变迁是乡村治理演进的内在依据，乡村治理的困惑是乡村治理创新的内在迫力。有学者将“十四五”时期乡村治理面临的主要挑战归结为治权与产权的冲突、行政权与自治权的冲突、契约原则与共同体权威的冲突、基本公共服务供给与需求的冲突。这种分析更多地基于市场、政府与社会三者的治理内容和角色关系。本节主要从乡村自治组织与环境、政府及自治组织自身结构关系的角度来探究乡村组织治理现代化转型过程中政府与自治组织之间的角色错位、基层治理的整体性目标与治理功能碎片化之间的冲突、乡村组织体系与乡村社会的脱嵌等方面的发展困境，为在新时代持续推进基层制度创新提供依据。

（一）政府与自治组织之间的角色错位

在中国情境下，乡村自治与国家之间存在着复杂的关系，具有明显的“二元合一”的特点，这与现代西方自由民主传统下的“非此即彼的二元对立关系”相比，具有很大的差异。但是，恰恰是乡村与国家两者之间的纽带联系，容易造成乡村治理的行政化倾向和村委会角色定位困境等诸多问题。在乡村自治过程中，政府加强了对乡村的控制，乡村自治组织出现行政化趋势，乡村决策更多地体现了自上而下的政府意志，而不是自下而上的居民意志。由于资源下乡和项目制的盛行，原来的简约、有效的治理方式逐渐被程序化和规范化的科层管理方式所替代，乡村治理出现了严重的形式主义，村干部的主要工作变成了应付上级检查和填报表格。这种行政化趋势与“乡政村治”初始的角色定位产生了偏差。与政社不分的人民公社体制不同，在“乡政村治”背景下，村级组织已从政府体系中脱离出来，政府的行政权与村自治组织的自治权之间形成了二元权力格局。政府与自治组织之间更多是“指导与被指导”“协助与被协助”关系，而不是“领导与被领导”“命令与服从”的关系。从委托代理关系看，在地方政权体系中，人民代表大会代表本区域全体人民的意志和利益，政府是这种意志的执行者。在乡村自治领域，也存在类似的委托代理关系，即村民大会和村民代表大会具有村民意志表达功能，村委会及下属的村民小组具有村庄决策的执行功能。但在现实中，村自治组织既承担了村务的管理，又承担了部分政务的职能，扮演了国家代理人与村民当家人的双重角色。

导致自治组织角色错位的原因很大程度上在于村庄发展对政府资源的依赖性。现实问题在于村级组织并没有能力完全靠自身来完成这些职能，尤其在税费改革之后，资源支配的能力反而有所弱化。在此情境下，村级组织面临的可能选择只有两种：一是积极配合政府来完成各项工作，村级组织在自身资源有限的条件下必须依赖于政府的资源支持，从而导致了“非独立人格”和行政化倾向，包括“主动行政化”和“被动行政化”。二是村级组织采取不合作态度，对政府分配的事务不够关心，甚至对村庄内部自治的事务也不愿意承担，出现村自治组织瘫痪、功能迷失的状态。这种不合作和自治无力不仅得不到村民支持，也得不到政府的支持，不可能成为稳定的、长久的模式。从消极视角看，政府资源向乡村投入越多，相应的规则输入也越多，乡村自治组织对政府依赖性越强，村民参与越冷漠，乡村发展反而越依赖于政府，乡村治理不免陷入了一种恶性的循环。

如何突破这种治理循环困境呢？不能简单地对政府的介入进行否定。以受质疑较大的项目制为例，该制度的实施使乡村基础设施和公共服务有了很大提升，改变了农村的整体发展环境。即使是项目制，本身也有不同的层级。对于超越单一乡村范围的重大项目，如高铁、机场、港口建设，体现了更广泛群众的公共利益，这些项目一般由政府规划、设计、投资、建设、监督等，并不是在乡村自治层面所讨论的议题。有些项目局限于乡村场域或者与村民共同体的利益直接相关，如村级文化广场的选址、村庄道路建设、村庄整理、农田水利建设等则需要更多地体现村民的意见，这时候需要村级组织发挥积极的作用。由此，有的学者主张在政府与基层治理之间寻找合作的平衡点。政府既要对下乡资源使用进行规范，又要为基层治理创设一定的自主空间，以激发基层治理的主体性和主动性。概言之，当前乡村自治不是简单地考虑政府介入或退出的问题，而是考虑政府以什么方式或者在什么条件介入的合理性。古典自由主义倡导个体的自由和有限的政府，政府只是充当“守夜人”的角色。这意味着，在乡村自治良性运转的时候，政府不需要过多介入，而是可以设置最低限度的规则框架，鼓励自治组织在治理过程中发挥应有的作用。即使某些乡村治理组织不完善，政府的介入也不是一种基本职能的替代，更不是扩张逻辑的制度化。相反，政府介入只是一种权宜之策或“救火员”角色，当乡村自治能力提升之后，政府仍将退出该领域。

此外，在乡村发展中，素有“百里不同风，千里不同俗”之现象，各地农村在自然、经济、文化、习俗等方面差异较大，这决定了乡村难以追求“一刀切”式的治理模式。在市场交易活动频繁和外来人口杂居的沿海乡村，村庄经济基础良好，人才充沛，但传统德治的文化和规则受到市场冲击较大，在礼俗约束和价值共识缺乏的条件下，需要构建现代乡村治理结构，强化产权制度和法律规则的约束，通过制度创新和规则输入奠定乡村治理的基础。在传统的村落，具有相对稳定环境与熟人社会的共同体，习俗礼仪在村庄和谐稳定方面发挥着重要作用，但集体经济薄弱、自然环境恶劣、公共设施落后，这需要依赖于政府资源的输入，同时需要维护村庄的自主性。

（二）基层治理的整体性目标与功能碎片化之间的冲突

在家庭联产承包责任制实施以来，农民生产和经营的独立性、自主性得到很大程度提高。在市场化激励下，各种要素自由流动，企业、外来人口、资源、商品、文化等通过各种途径进入村庄，而村庄内部的年轻人、学龄儿童及特色农产品等也不断流入城市。现代的乡村与城市日益交融，乡村的界限变得模糊，乡村的整合机制便成为乡村发展不可忽视的问题。例如，长期居住在村庄的外来人口能否像本地居民一样享受各种权益，是否被排除在村庄整合机制之外，还是部分地被整合，如拥有参加村民大会或村民代表大会的权利，但不能享受居住村的集体经济收益。从宏观目标看，建构现代化国家需要将分散的、外在的乡村组织整合到国家体系中，使之成为政治上的现代国民。从整合手段看，在传统的乡村社会，具有明显的乡土性的特征，基于亲属关系和地缘关系的“差序格局”构建人与人之间的关系网络，国家依赖于民间的乡绅阶层将分散的农民纳入国家体系。在人民公社化时期，国家通过政党和行政权力的渗透，实现对乡村的整合。在税费改革之后，国家通过村级自治组织，以委托代理的方式实现乡村的整合，具体载体形式包括“村庄的共同利益”“代行国家政策”“村庄治理服务及代理国家服务”“村庄经济社会组织”等。有学者将乡村整合的内在困境归结为组织断裂、文化断裂及精英断裂等因素的影响。

究其根源而言，是社会转型带来的维系乡村共同体的困境。现代社会是一个强流动性的社会，人的流动使原居住在同一地域的具有或多或少亲缘关系的熟人被陌生化了，人们通过现代产业分工，按照类似于老板、客户、同事、合作者等角色进行重新结构化，对地域、习俗、互助的认知与共识变成对利益、平等、自由的认知与共识。乡村传统文化的整合纽带逐渐变得残缺无力，以村级自治组织为建构的正式的共同体对游离于村庄活动之外的个体而言，失去实际约束力。尽管户籍被作为身份关系的官方权威的认证，但这只是其获得各种服务资格的前提，与市民户籍认证一样，这种管理并不是自治体的行为，而是国家的行为，其符号意义无法替代村民之间的交互关系和价值共识。

乡村整合的内生困境在于“原子化”的村民个体难以通过共同体的建制应对村庄内外的双重回应。对外而言，乡村整合的困境在于乡村治理被看作政府工作的延伸，政府职能分工和部门化与乡村组织之间形成了“上面千条线，下面一根针”的联结状况，这需要乡村自治体具有整合政府工作要求的能力。对内而言，乡村组织应具有整合村民内在多元化需求的能力。由于集体意识弱化，村民集体行动易于陷入困境，“一事一议”制度在解决农村公共产品供给问题方面存在着较大的挑战。

为了解决基层治理整体性目标与功能碎片化的困境，组织与技术手段的运用具有一定的创新意义。在组织整合层面，应发挥党组织对乡村治理体系的整合作用。党组织是乡村整合的领导力量，党的十九大报告提出加强社会治理制度建设，完善党委领导、政府负责、社会协同、公众参与、法治保障的社会治理体制，打造共建共治共享的社会治理格局。党的统协整合优势在于：首先，建立了从党中央到基层的完整组织体系，有利于贯彻党的路线方针政策；其次，党的领导具有权威性，以政治领导、思想领导和组织领导作为保证；最后，党的领导依赖于各领域思想先进的党员积极分子，具有较强的战斗力。近些年，有些地方已经在组织整合方面作了积极有效的创新实践。如2014年以来，珠三角地区各市均探索推行区域化党建，通过横向联合、上下联动，实现党建资源从原来的“条块分割”到跨行业、跨领域的“大融合”，着重解决基层资源碎片化、向心力统筹力不足等普遍性问题。按照“更直接、全覆盖、常态性、制度化”的原则，创新推进“直联制”，促进党群“永不失联”。通过“三固定”工作方式①，形成了以镇（街）领导为轴，联“区”接“村”的工作格局，盘活了区、镇、村三级行政资源，有利于打通层级之间的天然间隔，及时回应群众的诉求。

在技术整合方面，要发挥信息治理优势，通过加强信息基础设施建设，引入信息技术人才，提升管理的技术与方法，改变农村地区传统的治理手段滞后的局面。尤其要结合村级行政服务中心建设，结合“最多跑一次”改革，提高村级自治组织的服务能力和工作效率。如宁波泗门镇将“最多跑一次”改革向村级延伸，将村级便民服务平台体系上升到地方标准，业务涉及社保、医保、工伤登记、民政救助、计生服务、职工维权等。村（社区）到镇办理的高频事项90%实现“网上办”“跑零次”，办事效率总体提速30%以上，实现了“小事不出村，大事跑一次”的乡村版“最多跑一次”。

（三）乡村组织体系与乡村社会的脱嵌

乡村组织体系与乡村社会的脱嵌是指乡村组织体系自身结构和功能不够完善，难以满足日益变化的乡村治理环境发展的需要。有的学者将这种脱嵌概括为人与事之间的分离，或体现为“关系脱嵌型事务”，即村庄公共事务的处理只关注事务本身的处理，而忽视了事务之外的各种人的关系。公共组织处理事务往往遵循合法性、规范性的逻辑，通过对所处理的各类事务进行收集和归类，认知事务内在的规律，总结科学的流程、技术指标体系。当事务管理实践

① 即定人、定时、定点。定人即直联团队以镇（街）领导干部、相关职能部门负责人和村（社区）党组织书记为主，定时即明确每周一个固定时间为驻点直联时间，定点即村（社区）办公场所的直联工作室。

被抽象为规则层面，就可能出现治理脱嵌的危险。如果这种规则被当作普遍性政策自上而下地贯彻，就可能导致政策与乡村实际情况相背离，从而导致治理低效。在客观上，这种挑战性很大程度上取决于治理的层次性、广泛性、复杂性。层次性即村庄治理权力越集中在基层，越可能因地制宜地实施治理，治理效率也越高，如村级组织一般比政府更熟悉村庄的情况，更便于推进乡村治理。由此，治理重心应下沉到行政村，甚至要发挥自然村和村民小组在治理中的积极作用。广泛性是指村级组织服务的半径大小。有些乡村进行合并后，行政村地域范围，虽然减少了村级组织的数量，节约了人员成本，但村组织与村民之间沟通减少了，村民参与积极性也降低了，村民的诉求整合难度便提高了。复杂性是指乡村人员结构过于复杂，治理事务复杂，村级组织难以统一处理这些事务，导致组织功能的悬置。在主观上，由于“资源下乡”的激励性以及村干部身份的变化（如工资的财政保障、职业化、坐班制、考核制），村干部主要精力是围绕上级指挥棒行事，对农民的实际需求视而不见。

在乡村治理现代化发展过程中，乡村在经济、文化、社会、生态等方面快速变化，而科学的乡村治理需要自治组织能够及时对外部环境的变化作出回应。由于程序化代替民主化、静态化代替动态化、主体化变成客体化，乡村治理容易落入技术治理和行政化的陷阱。有学者认为通过乡村治理体系现代化来提升基层治理能力，取决于乡村治理体系与基层社会的匹配程度，由此可分为四种类型：第一种是用传统体制治理传统的乡村社会；第二种是用传统治理体制应对趋于现代化的乡村社会；第三种是用现代体制来治理具有很强传统色彩的乡村社会；第四种是用现代体制来治理高度现代化的乡村社会。显然，在第二种和第三种类型下，更容易出现乡村治理体系与乡村社会的脱嵌。在东部经济发达地区乡村，农村土地全域整治水平较高，农村非农化比例较大，城乡融合程度较高，同时外来人口流入较多，乡村发展新问题和新矛盾不断涌现，但是乡村治理创新不足，滞后的传统的乡村治理体制无法满足新时期实践发展的需要。相反的情况也可能存在，有些贫穷落后地区，农业社会化程度不高，基础设施建设滞后，集体经济薄弱，农民思想意识保守，但为了追求政绩和形象，盲目套用发达地区的乡村治理模式，忽视村庄传统文化特色，大规模地推进村庄撤并，不切实际地拔高道路、厕所、广场等基础设施建设的档次和水平，造成乡村资源浪费，负债累累，群众意见较大。

四、乡村组织治理能力提升的路径

乡村治理是实现国家治理体系和治理能力现代化的重要内容，同时乡村治理也是多主体参与的、涉及多方面内容的一个系统工程。在乡村振兴背景下，需要建立健全党委领导、政府负责、社会协同、公众参与、法治保障的现代乡村社会治理体制，坚持自治、法治、德治相结合，确保乡村社会充满活力、和谐有序。从动态发展看，乡村治理也是一个渐进的发展过程。2021年，中共中央、国务院出台《关于加强基层治理体系和治理能力现代化建设的意见》，提出力争用5年左右时间，建立起党组织统一领导、政府依法履责、各类组织积极协同、群众广泛参与，自治、法治、德治相结合的基层治理体系。此后再用10年时间，基本实现基层治理体系和治理能力现代化。从发展路径看，乡村组织治理能力提升需要坚持党委领导，保持基层建设方向和凝聚力、战斗力，构建坚强的基层党组织堡垒；需要完善共建共治共享的社会治理制度，发挥农民的主体作用，增强农民的获得感；需要健全自治、法治、德治相结合的乡村治理体系，发挥多种治理优势，保证乡村社会有序发展。从互动关系看，共建共治共享的社会治理格局是法治社会与和谐社会建设的目标，而自治、法治、德治是社会治理的基本方式方法，是实现“三共”治理格局的必由之路。

（一）坚持党建引领的乡村组织发展方向

围绕乡村治理的主要问题和中心任务，加强党组织能力建设，需要做好

"四个一"工程（一建一学一联一引）。

"一建"强调基层党组织建设及能力提升工程。从现实治理困境看，新时代乡村全面振兴涉及面广、任务重，迫切需要结构合理、运转有效的高水平基层治理组织，这与农村青年人才的外流、基层组织人员年龄老化所导致的组织能力不强的现实之间存在较大反差。为此，需要持续推进"党建双强"工程，加强"最强党支部"培育工作，实施基层党组织星级评定制度，完善党员年龄结构、知识结构、能力结构。落实村党组织书记"一肩挑"和村"两委"班子成员交叉任职，提升基层组织整体效能。重视加强"最强领头雁"培育工作，从回乡青年、乡村创业人员、大学生、退伍军人等人员中选拔优秀分子进入党员队伍，关注村级后备力量培养，保持村党组织的活力。通过选派第一书记、工作队等方式增加基层组织力量。

"一学"强调开展学习教育活动，改善学风和党风。结合乡村建设实际，开展廉政警示教育活动，加强对重大工程、重点领域、关键岗位的监督和管控。通过干部夜学、周末选学、民主评议、组织生活会、干部学习新干线、"学习强国"等多种形式的学习平台，开展形式多样的党员教育活动，增强党员主体意识，激发基层治理神经末梢。创新党员干部学习培训模式，发挥党校、党委、党支部三大组织功能，推进党校组学、党委讲学、支部践学，提高党员干部综合素质，培养学习型实干型的干部队伍。

"一联"强调党员干部与群众之间的沟通和联系，构建国家与社会的联结机制。开展"固定下村制""走亲连心三服务""固定主题党日"等系列活动，推动党员干部走访活动常态化、制度化。创新实施党员联系制度，构建党员与困难户、孤寡老人、失独家庭、抗战老兵等结对"1+1"帮扶机制。倾听群众诉求，发挥党组织的利益表达、民意汇聚和社会整合作用，完善党组织民主决策功能和村级重要事项决策机制。

"一引"强调党对农村工作的领导和统筹协调作用，注重发挥党员的价值引领、组织动员、攻坚克难的积极作用，突出党建引领的政治优势，将基层党组织建设成“宣传党的主张、贯彻党的决定、领导基层治理、团结动员群众、推动改革发展的坚强战斗堡垒”。强调“党建+中心工作”，有效推进“党建+镇村环境综合整治”“党建+消除集体经济相对薄弱村”“党建+乡村振兴人才建设”“党建+脱贫攻坚”“党建+乡风文明”“党建+疫情防控”“党建+平安乡村”“党建+志愿服务”等一系列活动。完善向贫困村、组织涣散村和集体经济薄弱村选派第一书记制度，使基层组织优势转化为农村发展优势。鼓励各村党组织立足村情，挖掘非遗文化、自然生态等村域资源优势，制定村庄战略规划，因地制宜推进乡村全面发展。

案例4-1

浙江嘉兴“毗邻党建”引领农村社区治理

浙江嘉兴山塘村位于平湖市广陈镇东北角，村域面积4.26平方公里，有13个村民小组，农户746户2716人，耕地4467亩。2016年，山塘村开始实施美丽乡村建设，打造“明月山塘”江南小镇，成功创建省AAA级旅游景区村庄、省级传统自然村落、省级美丽宜居示范村。广陈镇山塘村与毗邻的上海金山区廊下镇山塘村仅一河之隔，按地理位置习惯上分别称为南山塘村与北山塘村，一座百年山塘桥连接着南北山塘村。在推进长三角高质量一体化发展进程中，南北山塘村成为沪浙“毗邻党建”的桥头堡，成立了沪浙山塘联合党支部，两地的合作共建驶入快车道。

为应对在毗邻乡村发展中地方文化、治理方式和发展路径方面的不同，山塘村通过“毗邻党建”引领农村社区治理工作，提高现代乡村治理水平。山塘村积极主动挖掘本村资源优势，在毗邻党建的引领下，围绕文化认同、治理协同、发展互同三个方面总体规划，推动构建南北山塘村“互动—共治—发展”新格局。通过发挥沪浙“毗邻党建”桥头堡优势，促进南北山塘文化融合，增强两村村民凝聚力和向心力，激发村民自治活力，挖掘区域联动发展潜力，实现乡村振兴的总目标。

第一，利用“毗邻党建”引领区域联动，提高乡村治理水平。党的十九大报告指出，要加强社会治理制度建设，完善党委领导、政府负责、社会协同、公众参与、法治保障的社会治理体制。因此，加强党建引领基层治理路径探索，对基层党建、社区治理的发展创新与乡村振兴战略的落地实施都有着重要的现实意义。一是组织共建。为打造“联动发展共赢地”的桥头堡，两村率先成立了沪浙山塘联合党支部，并先后带动成立沪浙山塘活动型妇联、沪浙山塘联合共青团、浙沪山塘社工服务站等。逐步完善建立了“一二三四五”毗邻党建特色品牌，努力打造“互动式、互助式、互建式”立体式的基层党建模式。二是阵地共享。合作共建毗邻党建服务点，推进党员先锋站、党建服务中心、田园驿站党建服务点等阵地建设，形成党建红色辐射区。两村党建阵地实现共建共享，双方党组织活动和联谊会轮流到各自党建阵地开展，有效提高了毗邻党建阵地利用率和影响力。三是队伍共育。为推动共话乡邻、共谋发展，两地成立了以党员骨干为主的推动山塘发展的参事队、文化骨干为主的人文宣传队、青年骨干为主的民生勤务队、妇女骨干为主的扮靓山塘美容队、综治骨干为主的守望山塘和谐护卫队，以“党建+”为引领，发挥党员示范作用，带领群众全身心投入山塘的规划、建设、治理和服务中。五支队伍加强联结与合作，在“新乡邻”项目实施以及社区治理共建中积极发挥作用，激发了村民参与村级事务的意愿和能力，努力打造共建共治共享的社会治理格局。

第二，增强毗邻地区村民的文化认同，促进良好的情感相融。村民情感相融、两村凝聚力形成的前提是两地村民对共同文化的认同。面对两村村民情感陌生、向心力不强的问题，需要唤醒村民共同的文化意识，使其在情感上产生共鸣，提升对两村联动的认同感，增强两地凝聚力，从而为社区治理的长期发展奠定良好的基础。一是文化传承。钹子书是吴语区著名的传统曲艺形式，现已列为国家级非物质文化遗产项目，广陈镇山塘村是钹子书的发源地。南北山塘本是一村，后因开挖山塘河而分隔，因此，原先在南北山塘两地盛行的钹子书，因行政区域划分两地沟通交流逐渐减少，导致北山塘的钹子书文化逐渐没落。为传承和发扬两地共同的传统文化，通过传统文化增进交流实现情感认同，南山塘开设钹子书课程，招募南北山塘两村各个年龄段学员，使两村村民在传承和发扬钹子书文化的同时加强沟通交流。二是文化交流。搭建南北山塘文化交流平台，以儿童、妇女、老年人等人群为切入点，为南北山塘村民提供形式多样、喜闻乐见、契合需求的文化活动，促进南北山塘文化融合发展，共建邻里圈，共享幸福生活。如组织南北山塘村20户家庭共同参与“南北山塘喜迎六一”彩绘活动，组织南北山塘村20余位妇女共同参与“土布包”手工活动，同时，两地开设常春藤科普学习、青瓷制作体验和葫芦工艺课程，增强“南北一家亲”文化认同感，营造浓厚的乡里乡情氛围。三是文化走亲。

通过文化资源共享，两地广泛开展文化走亲活动，激起了文化共鸣。两地共同开展了浙沪山塘乡村年货节、“浙沪闹元宵，新春好‘灶’头”庆元宵活动、“共画党建同心圆，共筑明月山塘梦”沪浙山塘中秋文艺晚会等系列活动，实现文化走亲，越走越亲。

第三，推进毗邻村庄的治理协同，提升农村社会的文明乡风。社区治理的主体不是单一的村（居）委会，尤其是南北山塘这样情况较为复杂的区域联动型农村社区，需要多元参与基层治理。因此可以通过挖掘两村村民骨干、搭建两地交流平台、探索多元参与基层治理的模式，加强两地协同治理，实现乡风文明。一是组建基层队伍。为加强村落治理，提升村民自治水平，南山塘在原村民小组长工作制的基础上组建了村落管家队伍，每组挖掘、推选6名党员、乡贤和村民骨干等担任村落管家，其中1人为组长，从原来的村民小组长每人负责50～70户农户减少至村落管家每人负责10户左右农户，实现了办事高效率和服务更精准。北山塘则加强农村“三支队伍”，即党小组长、村民小组长、妇女小组长队伍建设。两支基层治理队伍在各自村落开展政策宣传、民情收集、矛盾调解、邻里互助的同时，对于涉及两地的事务，两支队伍会每月定期进行沟通协调，发挥队伍在基层治理中的“神经末梢”作用。二是开辟基层阵地。南山塘挑选了所在村落中有威望或名声较好的农户家作为村落农户议事的村落议站，每组设置一个村落议站，农户可以在5分钟内步行到达村落议站，开展议事、学习、宣讲等活动。北山塘则在农户家中成立“事合院”宅基服务点，将议事和服务的站点延伸至基层治理的每个角落。两村村民各自在村落议站和宅基服务点参与社区事务的同时，针对两村交集的工作和共同的事务，会每月轮流在村落议站和宅基服务点进行商讨，实现两地村民反映问题更加便捷，收集问题更加及时，解决问题更加高效。三是激发基层活力。主动引进专业社工服务机构，积极培育本土社会组织，动员村民自治力量，形成解决基层社会治理难题的合力，激发基层治理活力。南山塘引入第三方社工机构——芯悦社工，引导本村社区社会组织参与开展内容丰富、惠及百姓的各类交流活动与基层服务。北山塘则引进第三方社会组织——精灵家园公益服务社，在村内设立公益基地，引导本土群众性团队广泛开展服务，参与基层治理。两个专业组织联合指导南山塘登记注册的社区社会组织——山塘村社会组织服务中心开展“明月山塘”毗邻治理公益创投项目，同时指导浙沪山塘社工服务站开展日常工作，多元参与、多方联动，助推农村基层治理。

第四，构建毗邻地区的发展共同体，实现区域经济社会的稳步发展。在长三角一体化和乡村振兴两大国家战略背景下，两地成立了“区域协同·乡村振兴实验室——明月山塘”，围绕长三角一体化实现毗邻地区共同振兴的目标，致力于推动产业发展和村民增收。一是做强现代种源产业。南山塘处在浙江省首个农业经济开发区（广陈镇）的核心区，北山塘位于金山现代农业园区的中心，两村依托区位优势，大力发展农业产业，特别是种源农业。南山塘引进了常春藤种植基地，北山塘引进了爱索特植物园艺，两村联合发展现代种源产业，提升了土地价值，提高了农民收入。二是做亮农旅融合文章。南北山塘两村加强农业项目开发，特别是观光农业、采摘业等旅游项目，引进一批示范带动新项目。同时，通过自行建设、引导村民、招商经营主体等模式发展乡村旅游和文化体验产业。南山塘打造了原生态的农耕稻田景观，开设多家农家乐，引进了民宿，开设的山塘老酒铺等特产商店也颇受游客欢迎。北山塘则有提供民俗文化体验的琮璞文化苑，“农”字主题的廊下郊野公园，牛博士采摘园、民宿等。两村在发展农旅产业的同时，引导村民致富增收，吸引村民留在山塘、热爱山塘，共建宜居、宜业、宜游的山塘村。三是做大“明月山塘”品牌。南北山塘两村统一古镇及山塘河两岸整体风貌，统一两侧商铺租赁价格，联合注册了“明月山塘”旅游品牌，统一对外宣传“明月山塘”标识，为联合申报国家4A级旅游景区奠定基础。明月山塘景区以“一心四区”的空间功能分区而闻名，所谓“一心”，即景区的游客接待中心；“四区”，即四大主题功能区，包括山塘集镇、原乡生活区、高新农业区、创意农业区。景区沿线景点众多，休闲设施完善，文化底蕴深厚，特色项目与活动层出不穷，形成了一条反映地方特色民俗的文化长廊和一条绿色生态走廊。

随着南北山塘村“毗邻党建”引领农村社区治理模式的建设，两村在乡村治理体系构建和治理能力提升方面取得了较大的成效。一是以“邻里情”为核心，强化毗邻治理服务保障。南北山塘两村联合成立沪浙山塘联合党支部、沪浙山塘活动型妇联、浙沪山塘社工服务站等多元队伍，进一步拓展两村在环境保护、乡风建设、基层治理等领域的合作交流，联合开展活动，提供民生服务，解决民生问题。二是以“邻里人”为抓手，强化毗邻治理队伍保障。组建村落管家基层治理队伍，负责村落事务管理，结合北山塘农村“三支队伍”建设，统筹做好政策宣传、民情收集、检查评比、邻里互助、矛盾化解等各项事务，南北山塘的两支基层治理队伍合力打通联系服务群众“最后一纳米”。三是以“邻里聚”为支撑，强化毗邻治理阵地保障。成立村落议站，结合北山塘“事合院”宅基服务点的功能，开展议事、学习、宣讲等活动，将基层矛盾问题解决的场所前移到村落议站和“事合院”，及时解决群众反映的民生问题，实现“两地一家亲”。四是以“邻里圈”为导向，强化毗邻治理发展保障。南北山塘两村通过理念协同、规划协同、产业协同、政策协同、模式协同“五个协同”机制，整合资源，互相合作，围绕“明月山塘”这一特色品牌，做好农旅文融合发展文章，共同努力打造“乡村振兴实验室”样板。

（二）完善共建共治共享的社会治理制度

当前村民自治能力建设存在的问题主要表现为村民合作能力低、村民参与能力差、村民自治能力不足等。由此，释放和激发村民参与乡村治理的动力便成为乡村改革的重点目标。乡村治理不是一味强调政府的放权，单纯地追求村域自治的身份符号，而是村民必须具备自治的能力，能够承担政府退让的功能，否则会出现“一放就乱”或“治而无力”。因此，简单的“放而不治”并不是理性的自治目标。当前政府的主要任务是通过制度改革和组织创新，通过权力下放和自治组织赋权，从过度干预社会的行政化领域向自主、有序、和谐的自治化领域转变，维持国家与社会之间的平衡。达到这一目标需要具备两方面条件：

一是组织体系建设。基于平等、多元、协同的原则，乡村善治需要进行乡村组织功能整合、组织体系整合和村庄资源整合，激发乡村治理主体的积极性。有学者依据集体、政府、社会、市场等治理主体的参与角色和发挥的作用，将乡村治理划分为集体主动型、行政主导型、社会主导型、市场主导型和合作治理型等多种类型，而乡村治理体系建设需要发挥多元主体的参与作用，如重视党组织的政治领导作用，明确政府在基层公共服务职能供给中承担的责任，突出基层自治组织及群众的参与责任。当前乡村自治组织发展功能不全，培育自治组织、基层服务性组织、行业组织、中介组织以及公益慈善等各种类型的社会组织来承担基层治理的功能是社会管理体制演变的一个重要趋势。例如，为应对农村外来人口、村居撤并等现实需求，不少农村积极推进村域组织创新，设置了村级“社区服务中心”、“社区和谐促进会”、“外来农民工党支部”、“社区共建理事会”、“社区发展协调委员会”、农村虚拟社区“联合党委”等新型组织形式。在安徽泗县农村环境治理过程中，多元主体协同参与发挥了积极作用。第一是重视政府引导，开辟乡、镇长农村环境“三大革命”访谈，录制农村环境治理宣传音频，引导农民自觉参与农村环境“三大革命”行动。第二是充分发挥群众参与环境治理的主体作用，借助群众代表会、党员会、乡贤五老会、村民理事会、青年志愿队进行组织动员，向农户宣讲政策，促进村民相互学习、相互监督。第三是通过村规民约，明确农村人居环境整治内容和管护要求。第四是树立农村人居环境整治文化墙，通过“谁不说俺家乡美”“荡涤脏乱差，拔掉贫穷根”等百姓话语宣传政策理念。第五是重视组织发动，当整治工作量小时，以村组为单位，组建环境治理突击队，搞好日常环境治理；当整治工作量大时，以乡镇为单位，组成千人环境整治突击队，统一悬插彩旗、佩戴袖标、集中整治，形成声势浩大的环境整治社会氛围。第六是充分运用“一事一议”民主决策机制，完善农村人居环境整治项目公示制度，让农民自己“说事、议事、主事”，增强群众主体意识，真正做到村里的事村民商量着办。

二是基层自治能力建设。提高基层自治能力需要突出群众的主体性及内在需求。国家与农民的关系也体现为民主客体与主体间的关系，中国基层民主发展的过程体现了农民主客体间不同身份的转换过程，也彰显了基层民主政治特有的成长逻辑。促进民主主客体统一需要解决国家的制度供给与农村社会的基本情况之间的反差、农民依赖于政府的传统习惯与自治主体性之间的冲突。基层群众治理需求的满足是主体性行为的内在驱动力，需要关注和满足其包括利益唤醒（分配的参与需求）、权利觉醒（权利的获取需求）、参与村庄事务的政治需求（选举需求、管理需求、决策需求、监督需求）、公共网络的服务需求（生产服务的需求、市场服务的需求、社会服务的需求）在内的多方面需求。

（三）健全“三治融合”的乡村治理体系

自治、法治、德治是相互关联的整体，共同推进乡村治理水平的提高。2006年4月，时任浙江省委书记习近平在省委十一届十次全会上指出法治和德治如车之双轮、鸟之两翼，相辅相成、相得益彰。2013年，浙江省桐乡市在全国率先推进自治、法治、德治“三治融合”的基层社会治理探索试点。2019年，党的十九届四中全会进一步提出“健全党组织领导的自治、法治、德治相结合的城乡基层治理体系”。在创新实践中，还有地方在“三治”的基础上提出自治、法治、德治、智治相结合的模式。总体而言，乡村治理要立足于地域特色，促进自治张力、法治约束、德治规引的有机融合，致力于解决基层难点痛点问题，提升乡村整体治理效果。

首先，以自治为体，激发居民参与热情。完善农村基层自治组织体系建设，鼓励发展新型农民合作经济组织、新型农村合作金融组织和各种社会组织，建立结构合理、功能互补、运转协调的农村基层治理体系。为了预防和纠正基层组织负担过重、自治悬置和行政化趋势，按照《中共中央国务院关于加强基层治理体系和治理能力现代化建设的意见》要求，市、县级党委和政府要规范乡镇（街道）、村（社区）权责事项，未经许可，各部门不得将自身权责事项派交乡镇（街道）、村（社区）承担，控制考核总量和频次，规范基层的督查检查，清理规范工作台账、报表以及“一票否决”、签订责任状、出具证明事项、示范创建等项目，切实减轻基层负担，维护基层组织的合法权利。完善村务决策机制，坚持党委领导，发挥村民大会、村民代表大会、村民议事会、村民理事会、村务监督委员会等群众自治组织的民主决策功能，推动形成

"民事民议、民事民办、民事民管的多层次基层协商格局"。提升村庄民主决策的制度化、规范化，实施"一事一决"制度和村级事务阳光工程，落实"五议二公开""四民主三公开"制度，提高村庄民主决策效果。

其次，以法治为纲，创造农村社区良好秩序。加强基层矛盾调解组织和队伍建设，实现调解组织网络全覆盖。合理设置专职调解员、兼职调解员，配设标准化调解室，确保小事不出村，大事不出镇。完善网格员管理考核制度，细化村情民意宣传、平安乡村建设、涉稳敏感信息搜集、监督帮教、矛盾纠纷调解等具体事务清单。推动乡村法治机制创新，按照"深入推进综合行政执法改革向基层延伸，创新监管方式，推动执法队伍整合、执法力量下沉，提高执法能力和水平"的要求，完善"网格+村+镇"三级联动机制。如杭州市高虹镇为应对外来人口较多、安全隐患多、管理难度较大的安全形势，推进"四联民坊"试点改革，有效整合了警务室、综治中心、纠纷调解室等多种资源，集成基层民警、网格员、志愿者等多方力量，打通基层治理神经末梢，构建"最多跑一地"的基层治理体系；结合多治融合新模式，在全镇12个点建立乡村治理的新机制，实现了"信息联享、区域联管、服务联推、隐患联治"，跨部门事项一窗受理，破解信息不畅、部门联动不顺、群众安全感不强等难题。

再次，以德治为魂，提高居民道德水平。德治是乡村基层治理的一项基础性社会工程，乡村德治强调乡村特定场域中所形成的价值取向和行为准则及其对村民行为的指导和约束，涉及道德精神挖掘与传承、道德教化与激励、道德内化和行为等内容。加强对传统文化习俗、家风家训等乡土文化的发掘、提炼和活化，重塑新型孝亲文化，引导村民孝老爱亲、勤俭持家、守望相助、向善向上、崇义守信。因地制宜制定和实施符合村情民意的村民自治章程和村规民约，加强道德约束和依德治村。重视道德教育功能，注重挖掘优秀传统文化传承基因和精神财富，推进优良的家风家训德育建设，弘扬社会主义核心价值观。以文化礼堂、文化广场等场所为抓手，打造集党建、文化、休闲、娱乐多功能为一体的"农村文化综合体"。强调道德标杆的示范效应，抓好新乡贤典型性教育，促进“好家风”建设，发挥以点带面的示范引领作用。将垃圾分类、美丽庭院建设、讲文明树新风等内容纳入“好家风”家庭评选范围。通过采用优秀微党课评选、演讲比赛、基层巡讲、新闻报道等多种宣传形式，发挥移风易俗、民风塑造和榜样激励的作用。

此外，要积极利用数字赋能，构建农村智慧治理平台。社会治理创新将推动“总体–支配型”的管控行动逻辑向“技术–治理型”的共建共治共享逻辑转变。我国乡村信息化建设起步较晚，资金投入不足，信息化综合服务设施覆盖率低，硬件设施不健全，数据平台互联共享不足，物联网、大数据、云计算、人工智能等先进技术不能及时应用。这需要政府加大农村基础设施建设，缩小城乡之间的差距。通过“互联网+”手段，改进基层党建、公共服务、村务治理、小微权力等治理方式，优化乡村治理模式。运用“互联网+”思维，推进产业服务、村务管理、居家养老、农房建设、平安管理、垃圾分类、污水监控、疫情防控、地质灾害等多领域的智能化建设，提升精细化管理水平。通过信息化服务建设，推进“一窗式”受理和“一站式”服务。重视运用网络信息，增强政府及自治组织的回应能力。如南京市设置12345 市长热线，形成村民电话投诉、接线员记录、乡村综治主任接单处理、回访统计、村干部绩效考核等规范化处理模式，及时处理群众关心的事务，提高群众的满意度。

案例 4-2

浙江杭州高虹镇探索“四联民坊”的社会治理模式

高虹镇集镇规划面积2.64平方公里，集镇区域主要涵盖本镇高乐村、虹桥村两个行政村。近年来，随着经济社会发展，尤其是临安撤市建区后融杭进程加快，越来越多的外来人口涌入高虹镇。据统计，高虹镇集镇区域内户籍人口约5000人，外来人口14000人；集镇范围内企业数110家，其中规模以上企业34家；集中于集镇沿街及各支线沿线的各类个体工商户628户，其中由外地户籍自然人经营的达408户，占比65%；路面日均活跃机动车辆4000余辆。外来流动人口的大量涌入给基层社会治理带来新的问题，如矛盾纠纷复杂化、出租房管理不规范、路面交通无序、集镇面貌不整洁等。针对上述问题，高虹镇提出在党建统领基础上，结合小城镇长效管理，整合镇、村、驻镇部门、网格员和社会志愿者等力量，率先在外来人口最集聚的高乐村建立“信息联享、区域联管、隐患联治、服务联推”的“四联民坊”，作为践行新时期枫桥经验和自治、法治、德治“三治融合”的基层有益探索。

从具体的工作组织架构情况来看，“四联民坊”呈现金字塔的组织架构，高虹镇党委统一领导，临时党支部和驻镇部门联动协作，行政执法、网格员和志愿者三支队伍一线落实。具体的组织架构图如下：

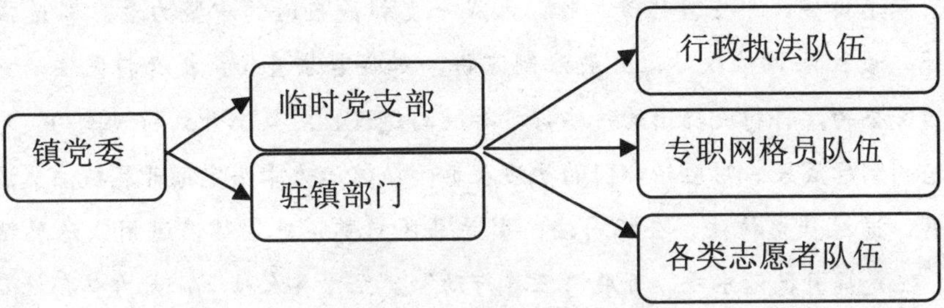

图4-1 高虹镇高乐村“四联民坊”的组织架构

高乐村的“四联民坊”是基于党建引领、部门联动、群众自治的治理基础形成的现代乡村治理体系，在农村日常生产生活过程中发挥了重要的作用。从“四联民坊”治理模式的具体实施路径来看，主要包括以下几个方面。

第一，以党建为引领，凝聚各方力量。建立“四联民坊”临时党支部，把高乐村网格内的党员骨干力量、外来党员归集到党支部。在支部的带领下，建立党员示范岗，明确每位党员的岗位和职责，充分调动党员群众参与基层治理的积极性，凝聚各方力量，形成比学赶超氛围。如：开店党员老郑的店被确立为党员示范店，要求带头遵纪守法，合法经营；党员退休教师老王是群众议事会骨干，负责向村两委、镇党委政府和相关部门提出合理化建议；村老党员、原村两委干部老余的职责是带头参与治安巡逻、矛盾调解等工作；党员汪阿姨负责环境督查、参与环境整治；外来党员企业职工小蒋租住在高乐村，临时支部动员他负责附近几幢出租房的消防安全宣传，规范电瓶车的停放，协助安全检查等工作。

第二，以善治为目标，抓好“三治融合”。“四联民坊”以农村善治为结果导向，以“三治融合”为抓手，不断夯实基层社会治理基础。一是夯实自治基础。

聘请驻村律师、有威望的党员为“老娘舅”，与镇、村司法调解力量组成调解员队伍，凝聚社会力量参与，推动矛盾大调解，确保小事不出村，矛盾就地化解。以往高乐村村两委往往把较为复杂的信访矛盾往镇里一推了之，导致群众常常到镇里上访。“四联民坊”成立后，镇综治办通过“四联民坊”的调解机制，把辖区所有信访矛盾先行在民坊调解，确保把信访矛盾就地化解。以党员、村民代表和乡贤为骨干，成立群众议事队伍，定期召开群众议事会，听取他们对辖区社会治理的意见和建议。吸收网格内热心公益、有一定威信的群众组成志愿者队伍，配合做好治安巡逻、隐患排查、平安宣传等工作，形成一支村民自治的中坚力量。二是强化法治保障。设立法律维权站，开展法制宣讲，加强普法宣传，提升村民法治意识。完善村民公约，将村民提出的一些行之有效的建议、对策上升到村规民约，形成村民自治的制度成果。对驻镇部门的执法人员，镇综治办牵头定期开展执法交流和警示教育，通过严格执法、公正司法，引导居民自觉遵守法律，运用法治思维化解矛盾。三是提升德治水平。开展“三善行动”。立“善人榜”，大力弘扬社会主义核心价值观。开展总结提炼好家风、写家训活动；宣传高乐村模范人物、先进典型，评选“高乐善人榜”，淳化民风村风。开展“行善日”活动，定期组织志愿者、党员群众开展环境整治、河道清理、帮困慰问等公益活动。建“善银行”，记录党员群众的善举，进行积分制管理，根据积分标准实行物质和精神奖励，如作为评选“善人榜”的重要依据。

第三，以服务为宗旨，提升群众获得感。一是建立多合一服务窗口。针对集镇出租房屋多、安全隐患多的问题，在“四联民坊”设立出租房屋旅馆式服务总台，安排派出所、村干部、网格员常驻，开展出租房屋申报和流动人口登记。在具体实践过程中逐步完善服务功能，实行公安、城管、市场监管、国土、民政等多部门事项“一窗受理”，推动一站式服务、统一化管理，打通为民服务的“最后一公里”。二是设立安防体验区。通过实物展示、视频演示、资料发放等形式，全方位、多角度宣传安防知识，帮助居民了解日常生活存在的不安全因素。体验区配备VR虚拟互动装备，居民身临其境感受火灾逃生方式，提高逃生救灾能力。三是推进出租房星级化管理。制订出租房租赁管理规范，提高出租房屋准入标准，改善房屋品质。

通过各类平台和资源的整合，高虹镇高乐村的“四联民坊”收到了较好的村镇治理效果，极大程度上减少了各类社会矛盾与社会问题。根据实地调查数据显示，“四联民坊”自运行以来，通过服务总台新登记流动人口1.4万余人，信息登记率达到99.8%，较年初上升15%；心理辅导室已为19名群众提供了咨询服务；20余批次共计500余名群众参与消防体验。“民坊”已协调处理大小纠纷50余起，出租房管理服务200余次，消除出租房安全隐患20多处，劝导私家车和电瓶车规范停车600余次。“四联民坊”还不间断开展平安宣传活动，发放消防安全知识、防诈骗、禁毒、反邪教等宣传资料5000余份。高乐村辖区重大矛盾信访纠纷直线下降，重信重访几乎为零；出警率和治安案件发案率都下降50%以上，没有发生一起到区及以上单位的信访件，真正做到了“矛盾不上交，平安不出事，服务不缺位”，有效提升辖区社会基层治理能力和服务水平。

第五章

农村集体经济组织建设与乡村治理现代化

乡村治理现代化离不开乡村产业的发展、农民收入的保障及乡村组织的建设。乡村振兴背景下，农村集体经济组织被定位为发展乡村产业、保障农民收入及完善组织建设的重要载体。2021年6月1日起施行的《中华人民共和国乡村振兴促进法》将农村集体经济组织作为乡村产业振兴的重要组织平台，提出“国家完善农村集体产权制度，增强农村集体所有制经济发展活力，促进集体资产保值增值，确保农民受益”。同时，《乡村振兴促进法》将农村集体经济组织发展视为稳定农民增收渠道的重要途径，提出“国家采取措施支持农村集体经济组织发展，为本集体成员提供生产生活服务，保障成员从集体经营收入中获得收益分配的权利”。《乡村振兴促进法》第四十二条指出，“村民委员会、农村集体经济组织等应当在乡镇党委和村党组织的领导下，实施村民自治，发展集体所有制经济，维护农民合法权益，并应当接受村民监督”。农村集体经济组织在维护乡村治理秩序中的重要作用，并非时至今日才受到关注，其历史渊源可追溯至原始氏族公社土地公有制，且这种作用在随后的不同历史时期均得以延续。

一、集体经济与乡村治理的关系演变

集体经济是生产资料归一部分劳动者共同所有的公有制经济。一般认为，现有的“农村集体经济组织”发端于新中国成立后初级农业合作社时期，而后经过高级社、人民公社和改革开放等不同时期的制度型塑，最终形成《宪法》中所称“家庭承包经营为基础、统分结合的双层经营体制”。不过，集体经济这种组织模式可追溯至原始氏族公社土地公有制，我国古代历史中的宗族公田祠产在一定程度上也有类似集体经济组织形式的一面。本节首先以始于北宋的族田制为例，来说明新中国成立前类似集体经济形式的发展与当时的乡村治理的关系，而后分析新中国成立以来不同时期集体经济的发展对乡村治理的影响，以从中梳理出农村集体经济与乡村治理的关系。

（一）新中国成立前的族田与乡村治理

族田始于北宋范仲淹，他自称因“祖宗积德百余年，始发于我，今族众皆祖宗子孙，我岂可独享富贵”，遂取部分财产捐置族田，以“养济群族之人。日有食，岁有衣，嫁娶凶葬，皆有赡”。可见，虽然最初设立族田的意图较为单纯，主要为表达对祖先的感激尊重，并将这种对祖先的敬意通过捐置田产以接济族人的形式来表达，但其通过经济上的连接来实现维护宗族内部和睦或秩序的思想已经得以体现。

族田在不同历史时期有不同类别，主要有义田、祭田和学田等。其中，义田主要用于赡养族人奖励节义；祭田用于祭祀祖先，赡济族人；学田用于资助族人读书。不同时期、不同地区族田管理的模式也不尽相同，如北宋时期设置专门的管理机构称“义庄”，用以掌管族田收租及进行租米的分配。笔者2016年调研的杭州市建德市李村村（以下简称“李村村”）则曾主要采用族人各家轮流耕种的形式，耕种族田者除交给宗族的粮食外，余粮可自留。这种模式既解决了族田的管理问题，又调动了族人的生产积极性。

至元代，族田作为家族公田，主要仍为资助本族成员的生活、读书等之用，但也出现了其资助对象超出本族范围的情况。至明代，族田的设置发生了较大变化。从族田来源来看，明代族田包括官僚捐置、富商捐置、地主以祖先遗产捐置、兄弟分家时提留的作为祭产的土地等。其中，前三类捐置意图主要仍为接济宗族中的贫困人口，从而维持宗族内部的和睦。兄弟分家时提留作为祭产的土地则是考虑到防止子孙将祖产变卖，通过提留方式使得祖先留下的田产得以世代积累，从而为宗族后世子孙的读书、基本经济需求等提供一定的保障。明代族田数额增长迅速，且主要分布在长江以南。这与长江以南地区经济发达，官僚富商捐置族田较多有关，也与该地区宗族观念较强，宗族内部利益冲突较为明显有关，“官室大族遂多置族田以联系族人”。这一时期，设置族田在乡村治理中的作用也愈加凸显。明末清初著名思想家顾炎武将族田的作用概括为“不待王政之施，而矜寡孤独废疾者皆有所养矣”，即族田的意义和作用是同“王政”一致的，是有利于维护乡村秩序和政治稳定的。清政府同样是基于族田在维持宗族和社会秩序稳定中的积极作用，继承了明代对族田的鼓励政策，同时采用旌表、议叙、税赋减免等多项精神激励和物质激励措施倡导族田的发展。

需要说明的是，虽然新中国成立前的族田等家族成员共同所有的土地所有制形式在一定程度上类似于今天所称集体经济的组织形式，但也应注意到其所处时代背景对它的深刻影响。如有学者指出，族田这种所有制形式并非真正使得所有族人受益，有些人很难租到族田，且族田管理中贪污之事也时有发生，族田与祠堂、族长、族谱共同构建了封建宗族制度。新中国成立后，随着封建宗族秩序的瓦解和新的乡村社会秩序的构建，族田也逐渐退出了历史舞台。本部分将集体经济与乡村治理关系的历史渊源追溯到新中国成立前的类似集体经济形式，只是基于一种团体成员共同所有的经济形式会对该团体秩序乃至更广泛的乡村秩序的维护起到重要作用这一点来进行讨论的。

（二）农业集体化时期的集体经济与乡村治理

这里所称“农业集体化时期”是指从1951年冬中共中央颁布《关于农业生

产互助合作的协议（草案）》开始，至1985年春撤销人民公社，恢复和重建乡（镇）人民政府的工作基本完成为止的时期。这一时期，农民在农村地方政府的引导下，逐步走上集体化道路。从互助组、初级社、高级社到人民公社的发展过程中，农民组织化程度越来越高，相应的农村集体经济逐步取代先前的农户家庭经济模式成为农村的主导经济模式，并对这一时期乡村治理模式的形成发挥着至关重要的作用。本部分将从这一时期农村集体经济中的农业生产和工业生产两个方面来阐释其对乡村治理模式的型塑。

农业集体化初期，即互助组阶段，土地及生产资料仍归农户私有，农户家庭仍较为完整地保有生产经营及消费职能。到初级农业生产合作社，农户生产资料入社且实行按劳计酬后，集体经济制度便初步形成了。至高级社再到人民公社阶段，农户家庭的生产职能被大大弱化，仅保留了其消费职能及很小一部分生产职能。随着生产职能向集体集中，农户的农业生产行为也由生产队统一组织，农村传统的家庭、宗族关系发生重大变化，村落的社会功能被压缩，农民在新的集体经济组织模式下，开始接受社队规范，并“按照新的规范指导自己的行为”。

农业集体化时期的集体经济产业结构中除包括农业生产外，还包括一些非农产业，如制衣厂、砖瓦厂等。以下以集体化时期的砖瓦厂为例，来说明当时集体经济中的工业生产对乡村治理模式的影响。

案例 5-1

农业集体化时期的非农产业：浙江建德市唐村公社砖瓦厂

李村村是当时唐村公社下辖的18个大队之一，唐村公社砖瓦厂工人都是来源于这18个生产大队。唐村公社砖瓦厂规模最大的时候是在1959年，那时候砖瓦厂有3个土窑，40多个工人，工厂常年生产。砖瓦厂的产品是土瓦和青砖。生产技术是纯手工制造，以土及稻草或松枝烧制而成，烧一窑砖需要六七天的时间。工资采用计件工资制。我当时每个月能挣到50块钱左右，这在当时已属高工资。当时的40多个工人中，有人是农业户，有人是居民身份，以农业户居多。因为当时生产队是按工分分配日常生活用品（包括粮食、棉花、油、柴等），所以村里在外面从事工商业的人要拿挣来的钱回到村里换工分，而后以工分为准，参与日常生活用品的分配。

从以上受访者对砖瓦厂当时运营模式的回顾中可见，砖瓦厂的工人正是以“做工—按件拿工资—工资换工分—工分换日常用品”这样的模式来维持生活。即当时农村集体经济中非农产业经营模式类似于农业生产的管理模式，均是以劳动换工分，再以工分为准获得生活物资分配。在这种集体经济的组织模式下，人口和物资流动均受到严格控制，乡村治理主要围绕社队内部有限资源的分配与竞争调和展开。这一时期，虽然传统的村落文化与规则仍在乡村治理中发挥作用，甚至农村基层干部在乡村矛盾调和中仍不时要借助传统规范，但其作用的发挥已经嵌套入新的生产与分配制度框架，与之前乡村治理格局已大相径庭。

（三）取消农业税前的集体经济与乡村治理

改革开放初期至取消农业税之前的集体经济收入可以大致分为两个方面的来源：一个方面是农业税中的“三项提留”，即农户上交给村级行政单位的公积金、公益金和管理费（此三项提留在2000年由安徽省开始试点的税费改革中被调整为农业税附加的形式）；另一方面是乡镇企业发展为村级集体经济带来的收入。两个方面的收入来源均影响着该时期的乡村治理模式。

改革开放后，农业集体化时期的人民公社体制逐渐被家庭承包经营为基础、统分结合的双层经营体制所取代，农村集体经济发展的重点转移到为农户提供家庭经营所需的生产服务及农村社区其他公共产品的服务上来。这一时期，农户上交给村集体的农业税成为村集体收入的重要来源。但随着农村乱收费现象的频繁发生，以及1994年财税体制改革后，农业税被划入地方税种所带来的地方政府征税积极性的提高，农民税负过重问题逐渐成为社会共识。由于县乡政府主要依靠村干部来协助收取税费，村干部与农民群众之间围绕征税产生的各种矛盾成为这一时期乡村治理中的难点。

除农业税外，乡镇企业成为这一时期村级集体经济组织收入的另一重要来源。乡镇企业的制度基础是改革前的人民公社下的社队企业。虽然在1984年1号和4号文件颁布实施后，户办、联户办企业都被纳入乡镇企业范畴，但村办集体所有制企业在很长一段历史时期内都是乡镇企业的重要组成部分，且因其在特殊的所有制形式下取得的成绩冲击了传统产权理论而受到学术界长时间广泛讨论。根据《中华人民共和国乡村集体所有制企业条例》，“企业财产属于举办该企业的乡或者村范围内的全体农民集体所有，由乡或者村的农民大会（农民代表会议）或者代表全体农民的集体经济组织行使企业财产的所有权”，且“企业税后利润交给企业所有者的部分，主要用于扶持农业基本建设、农业技术服务、农村公益事业、企业更新改造或者发展新企业”。一方面，乡镇企业的发展为农村社区公共产品供给提供了一定的经济支撑，在一定程度上有利于维护乡村秩序。另一方面，以乡镇企业经营者为代表的乡村经济精英地位的提升，也影响着其与乡村政治精英之间的关系，并影响着其在乡村事务中的话语权；一些地方的村干部则直接指派乡镇企业管理者，并因掌握着企业就业机会等资源，而影响到其与村民的日常互动。

（四）取消农业税后的集体经济与乡村治理

20世纪90年代以后，农民税负过重及与之相关的农村的落后、农业生产危机逐渐受到关注。随后国家推行一系列税费改革，直至彻底免除农业税，均是为了解决“三农”问题。实际上，1994年分税制改革，我国县乡级财政困境及与之相关的农村公共产品供给问题就广受社会各界关注。而农业税的取消引发了关于县乡级财政、村级集体经济收入困境以及乡村治理新格局的进一步讨论。

如前文所述，取消农业税之前，农民上交给村集体的税收是村级集体经济组织收入的重要来源，而围绕农业税的征收，乡镇与村干部之间的利益联结也带来了乡村治理中的干群矛盾尖锐等问题。农业税取消后，一方面，缓和了之前由农业税征收引发的村庄内部矛盾，另一方面，使得村级集体经济组织减少了收入来源，进而使得村级组织在事权和财权上都有很大削弱，村级组织的治理能力被大幅削弱。

前一时期作为村级集体经济收入另一来源的乡镇企业，从20世纪90年代中期开始，发展势头急速减缓，乡镇企业的股份制和股份合作制改造逐渐成为普遍现象。据统计，到1997年，全国实行改制的乡镇企业已占到乡村集体企业总数的33.5%。虽然在一系列支持政策刺激下，2002年至2007年，乡镇企业又经历一次较为快速的发展，但是这一时期的乡镇企业在所有制形式上已多与之前不同。随着乡镇企业改制，以及市场在经济活动中发挥主导作用，村干部手中基于乡镇企业发展的治理资源也受到了挑战。

上述农业税取消以及乡镇企业改制对村级集体经济收入及乡村治理的影响，仅为制度变迁背景下的宽泛讨论。实际上，同样的制度变迁，在不同地区产生的影响差别很大。与计划经济时期全国较为整齐划一的发展模式相比，随着市场化改革的深入，各地的村集体经济发展及其影响下的乡村治理格局分化也越来越明显，如表5-1全国村集体经济组织收益情况所示（当年统计村总数为563225个）。

表5-1　2017年我国农村集体经济组织收益情况

类别	当年无经营收益的村	当年有经营收益的村				
		5 万元以下	5 万—10 万	10 万—50 万	50 万—100 万	100 万元以上
数量	261747 个	136642 个	66003 个	61856 个	15879 个	21098 个
比例	46.47%	24.26%	11.72%	10.98%	2.82%	3.75%

数据来源：农业农村部《中国农业统计资料》（2017年数据）

由表5-1可见，虽然整体而言，我国农村集体经济组织普遍面临经营性收入较低的问题（无经营收益及年经营收益5万元以下的村占到70%以上的比重），但也有一些村庄的年经营收益超过100万元。村级集体经济发展中的差距也使得不同村庄在村级公共产品供给及治理能力上出现了分化，本章第三部分将结合现实案例对与集体经济发展相关的乡村治理工具和治理能力进行分析。

此外，这一时期，与农业税取消、乡镇企业改制等一系列改革相伴的另一个趋势是农村人口的大规模流动，由此引发的“谁来种田”“农村空心化”等新的问题也促使后来的乡村振兴政策的实施。乡村振兴背景下的乡村治理仍在很大程度上依赖村级集体经济组织的发展，此问题也将在本章第三部分实践案例中得到进一步分析。

二、农村集体经济组织建设的政策脉络

由前文对农村集体经济与乡村治理之间关系的历史变迁的梳理可见，农村集体经济组织的发展不仅对发展公有制经济、保障农村居民的经济利益至关重要，而且深刻影响着农村社区的治理模式，在维护农村社区稳定中扮演着重要角色。基于此，改革开放以来的农村发展相关政策一直强调促进农村集体经济组织的发展。本部分将基于对农村集体经济发展政策变化脉络的梳理，来分析不同历史时期农村集体经济组织在农业、农村和农民发展中的职能定位变化情况，进而为本章第三部分分析农村集体经济对乡村治理的影响提供一定的政策背景。

（一）改革开放初期至取消农业税之前：发展集体经济服务农户家庭经营

1982年中央一号文件《全国农村工作会议纪要》提出，当时我国农村的“主体经济形式，是组织规模不等、经营方式不同的集体经济。与它并存的，还有国营农场和作为辅助的家庭经济。这样一种多样化的社会主义农业经济结构，有利于促进社会生产力的更快发展和社会主义制度优越性的充分发挥”。

对于家庭联产承包责任制实施之初，农村集体经济组织发挥作用的方式，该文件指出“实施各种承包责任制的生产队，必须抓好订立合同的工作，把生产队与农户、作业组、专业人之间的经济关系和双方的权利、义务用合同形式确定下来。这是集体经济管理工作的主要手段”。可见，改革开放之初，对农村集体经济组织的角色定位一方面延续了前一时期的农业生产管理者职能，另一方面具体管理方式上开始强调其在协调农户家庭生产中的作用。

从1983年中央一号文件《当前农村经济政策的若干问题》开始，相关政策进一步明确农村集体经济组织为农户家庭经营提供服务的职能。如，1983年《当前农村经济政策的若干问题》中提出“以分户经营为主的社队，要随着生产发展的需要，按照互利的原则，办好社员要求统一办的事情，如机耕、水利、植保、防疫、制种、配种等，都应统筹安排，统一管理，分别承包，建立制度，为农户服务”。1986年的《关于一九八六年农村工作的部署》中提到各地区应基于自身社会经济发展状况，在统分结合上有不同侧重，“在集体家底甚薄，生产比较单一，产品主要用于自给的地方，要从最基础的工作做起，切实帮助农户解决生产和流通中的困难，逐步充实合作内容。在经济比较发达，集体企业已有相当基础的地方，要充分利用统一经营、统一分配的条件，加强农业的基本建设和技术改造，适当调整经营规模，促进农工商各业协调发展”。1991年党的十三届中央委员会第八次全体会议通过的《中共中央关于进一步加强农业和农村工作的决定》指出，“乡村集体经济组织是农业社会化服务体系的基础，要努力把农民急需的产前、产中、产后服务项目办起来，并随着集体经济实力的增强逐步扩展服务内容”。1993年《中共中央、国务院关于当前农业和农村经济发展的若干政策措施》提出，“乡村集体经济组织要积极做好为农户提供生产、经营和技术等方面的统一服务。运用股份合作制等形式，兴办各类经济实体，在为农民提供服务的过程中，逐步增强集体经济的实力”。

20世纪90年代中期以后，随着农村劳动力向非农产业转移，农村发展相关政策文件中对村级集体经济组织的角色和职能定位也有所拓宽。1996年《中共中央、国务院关于“九五”时期和今年农村工作的主要任务和政策措施》中提出“要大力发展农村社会化服务体系，重视增强集体经济实力，使乡村集体经济组织更好地发挥其生产服务、协调管理、资源开发、兴办企业、资产积累等职能”，即除强调农村集体经济组织为农户提供生产服务的职能外，开始重视其农村资源开发等职能。1997年《中共中央、国务院关于一九九七年农业和农村工作的意见》提出，“要鼓励和引导农村集体经济组织带动农民联合兴办农产品加工和销售实体，实行农工商综合经营”，即鼓励农村集体经济组织将职能拓展到农业产业化经营各环节。1998年《中共中央、国务院关于一九九八年农业和农村工作的意见》指出，“当前，统一经营层次是个薄弱环节，要发展壮大集体经济，不断增强为农民服务的实力”。2000年《中共中央、国务院关于做好2000年农业和农村工作的意见》提出“鼓励集体以多种方式建设和经营小型水利设施”。2003年《中共中央、国务院关于做好农业和农村工作的意见》也提出“鼓励集体多渠道投资建设农村中小型基础设施”。

综上所述，这一时期，相关政策对农村集体经济组织主要的职能定位是服务农户家庭经营。服务内容从改革开放之初的生产性服务活动为主，拓展到农村劳动力向非农产业转移背景下，农业产业化经营过程中的生产、加工、销售全产业链服务。

（二）取消农业税至2017年：集体产权制度改革增加农民财产性收入

从2004年开始，我国开始实行减征或免征农业税的惠农政策，直至2006年农业税全面取消，我国的农业农村发展进入新的历史时期。与此相应，相关政策对农村集体经济组织的定位也从为农户家庭经营提供统一服务为主，转向探索通过集体产权制度改革打破原有的制度束缚，从而多渠道发展集体经济，增强集体经济实力，进而增加农民对集体财产的收益权。

2004年《中共中央、国务院关于促进农民增加收入若干政策的意见》提出，“引导农村集体企业改制成股份制和股份合作制等混合所有制企业”，“积极探索集体非农建设用地进入市场的途径和办法”。2006年《中共中央、国务院关于推进社会主义新农村建设的若干意见》提出，要“加快集体林权制度改革，促进林业健康发展”。2007年《中共中央、国务院关于积极发展现代农业扎实推进社会主义新农村建设的若干意见》进一步明确集体林权制度改革方向，提出要“加快推进农村集体林权制度改革，明晰林地使用权和林木所有权，放活经营权，落实处置权”。2008年《中共中央关于推进农村改革发展若干重大问题的决定》则提出要“全面推进集体林权制度改革”；同年出台的《中共中央、国务院关于切实加强农业基础建设进一步促进农业发展农民增收的若干意见》提出“保障农民对集体财产的收益权，创造条件让更多农民获得财产性收入”，且同样强调“全面推进集体林权制度改革”、“加大财政支持力度，确保集体林权制度改革顺利进行”。2009年《中共中央、国务院关于2009年促进农业稳定发展农民持续增收的若干意见》一方面在集体林权制度改革上明确了时间节点，提出“用5年左右时间基本完成明晰产权、承包到户的集体林权制度改革任务”，另一方面也对集体土地确权颁证工作做出了要求，“强化对土地承包经营权的物权保护，做好集体土地所有权确权登记颁证工作，将权属落实到法定行使所有权的集体组织”。2010年《中共中央、国务院关于加大统筹城乡发展力度进一步夯实农业农村发展基础的若干意见》进一步明确了集体土地所有权确权颁证的时间节点，提出“力争用3年时间把农村集体土地所有权证确认到每个具有所有权的农民集体经济组织”，并提出“鼓励有条件的地方开展农村集体产权制度改革试点”。2012年《中共中央、国务院关于加快推进农业科技创新持续增强农产品供给保障能力的若干意见》再次强调“深化集体林权制度改革”，并明确“2012年基本完成覆盖农村集体各类土地的所有权确权登记颁证”。

党的十八大以来，前一时期已启动的农村集体产权制度改革进一步加快并持续深化。2013年《中共中央、国务院关于加快发展现代农业进一步增强农村发展活力的若干意见》进一步明确要“改革农村集体产权制度，有效保障农民财产权利”，并指出“建立归属清晰、权能完整、流转顺畅、保护严格的农村集体产权制度，是激发农业农村发展活力的内在要求”，要求“鼓励具备条件的地方推进农村集体产权股份合作制改革”。同年的《中共中央关于全面深化改革若干重大问题的决定》提出要“建立城乡统一的建设用地市场”，“在符合规划和用途管制前提下，允许农村集体经营性建设用地出让、租赁、入股，实行与国有土地同等入市、同权同价”；“赋予农民对集体资产股份占有、收益、有偿退出及抵押、担保、继承权”，以赋予农民更多财产权利。2014年《中共中央、国务院关于全面深化农村改革加快推进农业现代化的若干意见》提出，“加快建立农村集体经营性建设用地产权流转和增值收益分配制度”，“建立农村产权流转交易市场，加强农村集体资产、资金、资源管理，提高集体经济组织资产运营管理水平”。2015年《中共中央、国务院关于加大改革创新力度加快农业现代化建设的若干意见》进一步明确了农村集体产权制度改革的具体方法，并对集体资产中的土地等资源性资产、非经营性资产、经营性资产等不同类型的资产产权制度改革的重点分别进行了明确。2016年《中共中央、国务院关于落实发展新理念加快农业现代化实现全面小康目标的若干意见》提出，“深化农村集体产权制度改革”，“到2020年基本完成土地等农村集体资源性资产确权登记颁证、经营性资产折股量化到本集体经济组织成员，健全非经营性资产集体统一运营管理机制”。同年底，又专门出台农村集体产权制度改革文件《中共中央、国务院关于稳步推进农村集体产权制度改革的意见》，对农村经营性资产股份合作制改革的具体方向、农村集体经济组织成员身份认定办法、农民集体资产股份权利的保障机制等进一步予以明确，并提出从2017年开始，“力争用3年左右时间”基本完成集体资产的清产核资工作，“力争用5年左右时间”基本完成经营性资产股份合作制改革。2017年《中共中央、国务院关于深入推进农业供给侧结构性改革加快培育农业农村发展新动力的若干意见》提出“落实农村土地集体所有权、农户承包权、土地经营权‘三权分置’办法”，“从实际出发探索发展集体经济有效途径，鼓励地方开展资源变资产、资金变股金、农民变股东等改革，增强集体经济发展活力和实力”。

综上所述，这一时期在市场化改革不断深化的大背景下，农村发展相关政策措施旨在通过农村集体产权制度改革来突破农村集体经济组织发展和农民财产性收入增加的制度约束。从21世纪初期对集体林权、集体土地权等具体某项集体资产的探索性改革，到党的十八大以来的全面、快速、深入推进农村集体经济组织各类资源、资产的产权制度改革，农村集体经济组织发展的路径也伴随着改革的推进呈现多元化趋势，不再简单限于为农民提供生产性服务，且这一趋势在乡村振兴战略提出以来的后续支持政策中得到强化。

（三）乡村振兴战略实施以来 壮大集体经济，促进乡村振兴

自党的十九大提出乡村振兴战略以来，农村集体经济发展相关支持政策也转向重点引导农村集体经济组织成为乡村振兴的组织平台。壮大农村集体经济，对于振兴乡村产业、提高村级基层组织治理能力、提高农民财产性收入等都具有至关重要的作用。自乡村振兴战略实施以来，在前一阶段农村集体产权制度改革逐步推进的基础上，通过深挖农村资源、资产等的潜力，探索农村集体经济的多元化发展路径成为更加明确的政策方向。

2018年《中共中央、国务院关于实施乡村振兴战略的意见》提出要全面向贫困村、集体经济薄弱村党组织派出第一书记；维护农村集体经济组织、农村合作经济组织的特别法人地位和权利；深入推进农村集体产权制度改革，“研究制定农村集体经济组织法，充实农村产权权能”。同年，在该文件基础上，中共中央、国务院又印发了《乡村振兴战略规划（2018—2022年）》。该规划提出，“鼓励经济实力强的农村集体组织辐射带动周边村庄共同发展”，“引

导农村集体经济组织挖掘集体土地、房屋、设施等资源和资产的潜力，依法通过股份制、合作制、股份合作制、租赁等形式，积极参与产业融合发展”，“允许集体经济组织灵活利用现有生产服务设施用地开展相关经营活动”。2019年《中共中央、国务院关于坚持农业农村优先发展做好“三农”工作的若干意见》提出，“按期完成农村集体资产清产核资，加快农村集体资产监管平台建设，建立健全集体资产各项管理制度”，“加快推进农村集体经营性资产股份合作制改革”，“完善农村集体产权权能，积极探索集体资产股权质押贷款办法”，“研究完善适合农村集体经济组织特定的税收优惠政策”，“把发展壮大村级集体经济作为发挥农村基层党组织作用的重要措施，加大政策扶持和统筹推进力度，因地制宜发展壮大农村集体经济，增强村级组织自我保障和服务农民能力”，“引导和支持村集体和农民自主组织实施或参与直接受益的村庄基础设施建设和农村人居环境整治”。2019年《中共中央、国务院关于建立健全城乡融合发展体制机制和政策体系的意见》提出，“允许农村集体经济组织探索人才加入机制，吸引人才、留住人才”，“鼓励农村集体经济组织及其成员盘活利用闲置宅基地和闲置房屋”，“在符合国土空间规划、用途管制和依法取得前提下，允许集体经营性建设用地入市，允许就地入市或异地入市”，“允许村集体在农民自愿前提下，依法把有偿收回的闲置宅基地、废弃的集体公益性建设用地转变为集体经营性建设用地入市”。2020年《中共中央、国务院关于抓好“三农”领域重点工作确保如期实现全面小康的意见》提出要“破解乡村发展用地难题”，“对农村集体建设用地审批进行全面梳理，简化审批审核程序，下放审批权限”。2021年《中共中央、国务院关于全面推进乡村振兴加快农业农村现代化的意见》明确要在“2021年基本完成农村集体产权制度改革阶段性任务，发展壮大新型农村集体经济”。2021年6月1日起实施的《中华人民共和国乡村振兴促进法》规定，“各级人民政府应当引导和支持农村集体经济组织发挥依法管理集体资产、合理开发集体资源、服务集体成员等方面的作用，保障农村集体经济组织的独立运营”，在土地利用方面，

“经国土空间规划确定为工业、商业等经营性用途并依法登记的集体经营性建设用地，土地所有权人可以依法通过出让、出租等方式交由单位或者个人使用，优先用于发展集体所有制经济和乡村产业”。

由以上农村集体经济组织发展相关政策梳理可见，乡村振兴战略实施以来，对村级集体经济发展方向的探索包括利用生产服务设施用地开展经营活动、通过集体资产股权质押贷款获取发展资金、参与村庄基础设施建设和人居环境整治等项目、创新机制吸引和留住人才、盘活利用闲置宅基地及房屋、集体经营性用地入市等有可能提高农村集体经济组织收入的一系列全方位政策创新。当前全国各地发展村级集体经济实践中的各种尝试，正是基于多年来不断扩大的政策空间而展开的。

三、农村集体经济组织建设对乡村治理的影响

由前文关于农村集体经济组织建设支持政策的变化脉络可见，随着农村改革的不断深化，村级集体经济发展的制度空间也在逐步扩大。近年来，随着制度空间的拓展，全国各地不断涌现出创新村级集体经济发展的新模式。本部分将重点探讨政策引导下的农村集体经济组织建设实践对乡村治理的影响。

（一）农村集体经济组织作为农村社区日常管理的抓手

农村社区的治理与农村集体经济组织的发展彼此既相对独立，又密切相关。《中华人民共和国村民委员会组织法》一方面规定“村民委员会按照法律规定，管理本村属于村农民集体所有的土地和其他财产，引导村民合理利用自然资源，保护和改善生态环境”，另一方面也强调“村民委员会应当尊重并支持集体经济组织依法独立进行经济活动的自主权”。而实际上，无论是对农村资源资产等的管理，还是其他乡村治理工作的开展，除了村干部履行职责的能

力至关重要外，往往还需要相应的激励机制作为工作抓手。在当前农村社区治理中，虽然人情面子等传统熟人社会中的激励机制仍在一定程度上发挥作用，但随着传统社会结构的变化，经济激励的作用越来越重要，特别是在经济较为发达的地区。如案例5-2中所引述的浙江省嘉兴市一村庄支部书记对该村进行日常治理的方法。

案例 5-2

借助农村集体经济组织开展日常管理工作的浙江嘉兴案例

我们村原来是贫困村，甚至曾经到过只有250块钱的集体资产……我去跟银行贷款，贷5000块钱都贷不出来，遭难……再加上另一件事，我妻子就因为付不起医疗费耽误治疗……我当时痛下决心，一定要把村集体经济搞上去……我们村拆迁时，定下村里收入的30%到40%分给老百姓，2007年分到600，后来到1000，现在1300，每三年一变。不遵守村规民约私自乱造乱建的，我们年底考核就会扣他奖金……现在集体资产账面上，不算升值的，就1个多亿，按实际价可能都超过1个亿了……

案例5-2根据笔者2017年在浙江省嘉兴市调研材料整理。案例村庄为嘉兴市嘉善县的一个村庄，2009年已完成撤村建居，受访者为该村党支部书记。该村原为贫困村，集体经济薄弱。改革开放以来随着工业化、城镇化进程的推进，该村逐步从传统村变成城中村，集体经济有所发展。特别是旧村拆迁后，村级集体经济组织利用拆迁资金购买土地，通过建厂房出租、开发房地产等业务不断提高集体资产收益。如案例中该村党支部书记所言，村集体经济组织的年度收益，除提取公积金、公益金和风险金用于村级集体经济发展外，每年会拿出一定比例以股份分红形式分配给村民。近年来，随着集体经济的发展，村民得到的分红也在提高。而这部分分红在增加农民收入的同时，也被作为乡村治理工作开展的抓手。如该村党支部书记所讲到的不遵守村规民约私自乱造乱建的，年底考核就会从其所得分红里面扣钱。

在具体的村庄日常事务管理中，该村这一激励机制并非简单的口头约定或随意实施，而是被正式编入该村的村庄治理制度手册中。如该村的《绿化管理制度》中规定了每户居民根据户型面积不同需要保证的住宅绿地面积及标准，并明确规定“每年进行2次检查，年终考评对有2次以上清理不及时的，或有损坏绿化不及时补种的，绿化带或花坛内任意种植作物等现象的，当年星级户考评为不合格；对绿化面积不足的居民户在年终分配中按每平方米50—100元予以扣款”。该村的《小区违章管理制度》中规定“新区公共绿地内禁止浇筑水泥场地、搭棚、私建围墙，如有违章必须自行拆除，逾期不拆除的由居委会强制拆除，并在年底绿化管理费中按每平方米100元扣除，余款不予发放”。由此可见，该村的村级集体经济的发展为其日常治理工作提供了一定的激励机制，有助于乡村治理工作的顺利开展。

以上案例村庄中禁止私自搭建、严格保护绿地等日常治理借由村级集体经济组织的股份分红进行经济激励，以达到提升乡村治理水平的目的。除此以外，农村道路、水利等基础设施条件的改善除依靠财政支持外，也有赖村级集体经济的发展。而这些基础设施的修建和维护等也是乡村治理的重要内容，村级集体经济的发展同样为这些治理工作提供了抓手。类似的还有村民的医疗、养老等福利在村庄层面的供给。在我国东部等经济较发达的地区，村级集体经济发展较好的村庄为村民缴纳其医疗、养老保险的个人承担部分及对村庄中的高龄老人、低保户等给予补贴是较为常见的现象。而这些基于村级集体经济的发展提供的福利，也如同本案例村庄中所述股份分红一样，会在一定程度上起到约束村民行为的作用，进而有助于提高乡村治理效率。

（二）农村集体经济组织作为解决村民矛盾的组织工具

村级集体经济组织的发展可以为农村社区日常管理工作的进行提供一定的基础，也可以为村庄发展的特定时期中某些特殊矛盾的化解提供帮助。其实现路径不限于提供经济激励，也可以借由村级集体经济组织模式的创新来实现，如通过村级集体经济组织牵头建立农民合作社。2013年《中共中央、国务院关于加快发展现代农业进一步增强农村发展活力的若干意见》中提出“农民合作社是带动农户进入市场的基本主体，是发展农村集体经济的新型实体，是创新农村社会管理的有效载体”。实践中，自2007年《中华人民共和国农民专业合作社法》实施以来，通过组建合作社来发展农村集体经济，创新农村社会管理模式也愈发普遍。以下基于笔者2012年在北京市调研的一家农民种植合作社联合社案例和2014年在广西壮族自治区调研的一家农家乐合作社案例，分析借助农民合作社或合作社联合社的组织形式来创新村级集体经济发展模式对于解决特定村庄矛盾的积极作用。

案例 5-3

创新集体经济组织形式解决征地矛盾的北京案例

我们区的合作社最早2006年就已经在工商局注册了。那个时候，我们区刚开始搞新城建设，占地速度非常快，征地引发了很多问题。我当时除了在经管站工作还负责接访，每天都有很多农民上访。要让农民稳定下来，就得让他们看到希望。所以，我们就找到村里面的书记商量让他们组建合作社。但是，2009年到2010年出现了合作社发展最困难的时期，因为大家发现合作社该做的都做了，但是农民还是没有增收。而同时，农产品市场又一直存在较大的价格波动。比如，大白菜涨价的那年，种白菜的挣了钱，第二年，大家还是种白菜，可是3毛钱一斤都没有人收，而至少要3毛钱一斤农民才能保本。如果农产品销售再出现问题，那么农民上访和农村社区不稳定的可能性就会大增。鉴于此，相关政府部门就找到我们一个合作社的理事长，请他利用自己在销售渠道上的优势，带领其他村里的合作社一起组建联合社，并帮助社员销售农产品。

案例5-3根据笔者2012年在北京市的调研资料整理。案例区域相关部门负责人面对新城建设背景下的征地矛盾，采取了让村集体牵头组建农民合作社的办法。因为他们认识到村集体组建合作社模式有助于让农民看到希望，稳定下来。村集体组建的农民合作社在其经营的农产品市场行情较好的年份确实起到预期中带动农民增收的作用。但农产品市场价格的波动却非单个小规模合作社可以应对。等到2010年左右以村庄为单位组建的农民合作社发展遭遇困难时，他们进一步想到各村合作社的联合，以发展较好的合作社来带动其他村的合作社发展，从而共同解决各自农产品销售困难问题，进而通过经济收益的增加来减少农村社区的不稳定因素。虽然当时的相关法律政策对合作社联合社并没有明确规定，但该联合社因其组织模式有效带动了各成员合作社产品的销售，故而也被视为一种制度创新而得到认可。

案例5-4

创新集体经济组织形式解决恶性竞争的广西案例

我们村这个农家乐合作社是一个新事物，种养合作社搞起来很简单，但农家乐是一个综合的（业务）……现在我们村的农家乐是做得最好的，价格也最稳定。我们村统一管理，不会出现恶性竞争问题。你游客来了，整个村子不管到哪一家问都是一样的价钱。我给他们开会就会说这个事，不允许恶性竞争。村里面原来只有十几个老人，现在旅游搞起来了，很多人从外面回到村里了，现在村里面一共有160多户。管委会对我们村很重视，想把我们村搞成旅游示范村……我们村的农家乐，不管有没有客人，每间房每个月要交5块钱给村里面，这样一年能收几千块钱，修路灯之类的就是用的这个钱，去年路灯、水都弄好了，再把电搞好就行了……接下来我们想着找一个集团来管理我们全村的农家乐，我们现在正在找集团。集团来给我们进行整体规划和管理。我们以合作社的名义请集团过来，管理交给他们，我们合作社就是协助集团来管理。

案例5-4根据笔者2014年在广西的调研资料整理。由于新型农民合作社兴起的最初阶段，法律、政策等对合作社经营内容专业性多有强调，因此，实践中的农民合作社多为专业的种植或养殖合作社。案例村庄的农家乐合作社模式在当时具有一定的创新性，受访的村支部书记也曾讲述该合作社注册过程中的坎坷。伴随着乡村旅游业的兴起，农民自发组建的农家乐迅速发展起来。由于农家乐，特别是同一区域的农家乐的高同质性，近年来村庄内部农家乐恶性竞争事件广受关注。案例村庄所在的区域同样存在着农家乐为争取客源竞相压价的现象。为解决村庄内部的恶性竞争，该村集体牵头组建了农家乐合作社。游客来到村庄，由农家乐合作社统一协调客源分配，各农家乐实行统一定价，既避免了随意抬高价格，又防止了恶性竞争。同时，村集体基于农家乐合作社统一管理的业务，收取一定的管理费，用于改善村庄的基础设施，从而提升村庄对游客的整体吸引力。虽然该村的农家乐合作社初创阶段也在不断摸索更切实际的管理模式，但当时在解决村民恶性竞争、改善村庄面貌等方面的作用已经初步显现，并得到相关政府部门的肯定，朝着旅游示范村的方向发展。

案例5-3及案例5-4中所涉及的村庄虽然并不是典型的村级集体经济强村，并非如案例5-2中的村庄可以通过经济激励机制约束村民行为实现乡村治理目标，但是，它们均是通过集体经济组织模式的改变，即通过村集体牵头组建农民合作社来解决村庄的矛盾。案例5-3通过组建产销型的合作社和联合社来帮助农民发展生产以缓解其对征地等事情的不满；案例5-4通过组建农家乐合作社来解决乡村旅游发展中的恶性竞争问题。虽然组织模式的创新并非必然带来村级集体经济实力的提升，但是却均在一定程度上实现了提升乡村治理效率的目的。

（三）农村集体经济组织作为解决城镇化进程中乡村遗留问题的策略

根据本章第二部分关于农村集体经济组织发展的政策脉络分析可见，取消农业税以后，随着市场化改革的深化、农村人口流动加速和城镇化的进程加快，相关政策对农村集体经济组织的支持方向逐渐转向引导其通过产权制度改革来盘活集体资产，进而增加农民财产性收入。实践中，随着农村集体产权制度改革的深化，一些集体经济组织已经成为推进城镇化进程和城乡融合发展的组织平台。一些地区正是通过农村集体经济组织统一流转和经营农民进城后留在农村的资源和资产，来实现村级集体经济的发展并保障农民的财产权利。

案例 5-5

浙江嘉兴秀洲区农村“三权”自愿有偿退出机制的探索

为有效建立进城落户农民在农村的“三权”自愿有偿退出机制，进一步激活农村资源，优化资源配置，提高利用效率，促进城乡融合发展……结合我区实际，制定本实施方案……对于承包地（承包权、经营权），其中的土地承包经营权以委托村集体流转为主，积极探索入股等流转方式……对于集体组织成员（资产股权、收益分配权），鼓励进城落户农民自愿有偿退出集体资产股权，亦可流转集体收益分配权……（“三权”受让范围规定）承包地农户承包权退出的受让方主要是本村集体经济组织，也可以转让给内部成员、镇集体经济组织（或国资全资公司收储用于农业开发）；宅基地资格权连片退出的受让方是本村集体经济组织，并由农户、集体经济组织、土地整治开发运作主体三方（也可以只由农户和村集体经济组织双方）签订宅基地自愿有偿退出相关协议，明确三方（双方）权利和义务；零星退出后的受让方是本集体经济组织，集体经济组织和国资全资公司可签订相关合作协议；集体资产股权退出后的受让方主要是本集体或集体经济组织成员。

案例5-5节选自浙江省嘉兴市秀洲区《关于建立农村“三权”自愿有偿退出机制的实施方案（草案）》，为笔者2020年在该区调研时所获取的资料。该区因处于上海都市圈和杭州都市圈，区位优势明显，经济发达，工业化城镇化程度高。因而，该区的农村集体产权制度改革等进程也较快。在探索城乡融合发展路径过程中，需要重点解决的问题之一便是农村居民进城工作生活后，其土地承包经营权、宅基地使用权和集体收益分配权三项权益的处理和保障问题。由案例材料中引述的实施方案可见，该区相关权益的流转主要以农村集体经济组织为平台进行，同时农村集体经济组织也是“三权”的主要受让对象。由农村集体经济组织来流转和受让进城农民的“三权”被认为是在我国现行制度框架下解决进城农民后顾之忧的较为稳妥的方案。

案例 5-6

浙江丽水松阳县村集体统一流转搬迁农户土地的机制

农民易地搬迁过程中，对于整村搬迁的村庄，其农户的承包地和山林往往统一流转到村集体。土地流转到村集体以后，村集体在土地利用模式上又有村集体经济组织经营管理和村集体统一流转到第三方两种模式。村集体经济组织自主管理经营的往往以村两委组建的合作社或公司为平台，由村两委干部作为管理者，雇佣当地农民进行农业生产。如，玉岩镇白麻山村为整村搬迁的村庄，农民搬迁后原承包的田地和山林流转到村集体，村集体在本村组建生产性合作社，雇佣本村农民进行农业生产，并与附近的大岭脚自然村的销售合作社合作进行农产品销售，产生的收益作为村集体经济经营性收入。目前合作社刚刚起步，主要种植水稻等粮食作物。玉岩镇内湾自然村整村搬迁后，村两委干部通过发动村民入股组建公司，利用政府部门相关项目资金，种植油茶、中草药等特色经济作物，实现闲置资源利用和村集体经济增收。四都乡午岭自然村和柘坑自然村把抛荒的田和部分山林流转到村集体，由村集体发展油茶、香榧种植，以及生态鸡养殖等，雇佣当地部分村民进行管护，使抛荒田地和山林一定程度上得以利用。

案例5-6为根据笔者2020年在浙江省丽水市松阳县调研资料整理。丽水市松阳县由于特殊的“八山一水一分田”的地理资源特征，高山远山村庄较多。自1999年被列为全省25个欠发达县（市）之一后，松阳县就开始通过高山远山村民的易地搬迁来探索脱贫之路。进入21世纪后，松阳县先后通过“欠发达乡镇奔小康工程”“松古盆地万人下山脱贫工程”等一系列政策引导和资金支持推动下山脱贫工作，并于2018年启动名为“大搬快聚富民安居”工程的大规模易地搬迁。在易地搬迁工作推进过程中，搬出农民的资源资产等相关权益处置是迁出地村庄亟需解决的问题，既要尽量避免资源的闲置浪费，又要维护农民的财产权益。由案例5-6中所列松阳县部分村庄所采取的承包地处置办法可见，由农村集体经济组织统一流转、统一经营管理或统一委托第三方经营管理是选择之一。除村集体经济组织统一流转经营模式外，零星搬迁村庄部分承包地由农民继续偶尔回村自主经营或分散流转。从案例所涉及村庄的做法可见，松阳县以农村集体经济组织为平台流转的承包地主要被用于规模经营特色农产品，在一定程度上增加了村级集体经济的收入并避免了资源浪费。除承包地外，部分搬出地村庄中农民的宅基地也采取了类似的处置办法，对于历史文化村落等房屋具有保留价值的村庄，农民腾空房屋后将产权流转给村集体，由村集体对房屋进行统一保护及开发利用；对于农房没有保留价值且区位和资源优势不明显的村庄，由村集体对农民腾空拆迁后的宅基地进行统一复垦，实行退宅还耕（林），发展农林产业。

案例5-5为经济发达地区，在推进城乡融合发展过程中，通过村集体经济组织来流转农民的土地承包经营权、宅基地使用权和集体收益分配权三项权益。案例5-6为经济相对欠发达地区，在实施易地搬迁富民安居工程过程中，同样通过村级集体经济组织来统一流转农民搬迁后留在村庄的资源资产。如果说，在经济发达或资源环境条件优势明显的村庄，由村集体经济组织来统一流转或经营这些资源资产，更多是出于壮大村级集体经济的需求，那么，在如松阳县的一些区位和资源优势不明显的高山远山村庄，由村集体经济组织来解决农民迁出后的资源资产利用问题则是一种必然选择，因为社会资本等其他主体不会投资到这些难以看到经济效益的村庄。

（四）农村集体经济组织作为乡村振兴背景下提升乡村治理水平的平台

乡村治理水平提升与两个方面的内容密切相关，一方面是乡村治理制度及其实施规则的规范化，另一方面是实施制度的人的素质的提高。本部分将探讨农村集体经济组织的发展对乡村治理制度规范和乡村治理人才引入机制的重要作用。

农村集体经济组织管理水平的提升，或对农村资源、资产、资金的高效规范管理，本就是乡村治理中的重要内容。反过来，对农村集体资产管理的规范化也促进了乡村治理中其他各项权力运用的规范化。人才方面，农村集体经济组织为返乡入乡人才参与乡村治理、带动乡村产业振兴提供了平台。2019年发布的《中共中央、国务院关于建立健全城乡融合发展体制机制和政策体系的意见》特别提到“允许农村集体经济组织探索人才加入机制，吸引人才、留住人才”。2021年开始实施的《中华人民共和国乡村振兴促进法》也提出，为吸引和留住人才，“乡镇人民政府和村民委员会、农村集体经济组织应当为返乡入乡人员和各类人才提供必要的生产生活服务”，“农村集体经济组织可以根据实际情况提供相关的福利待遇”。此外，本章第二部分所梳理的乡村振兴战略实施以来的其他相关政策，也包含了吸引人才返乡入乡的支持政策。

案例 5-7

通过强化集体“三资”管理提升乡村治理水平的浙江临安案例

为加强对农村小微权力的监督，杭州市临安区制定了小微权力运行“九规范”，通过九张图对村干部的各项权力行使进行规范化管理。具体设计并实施了村级重大事项民主决策的一般流程、集体资产资源处置流程、村干部报酬发放流程、误工操作流程、村级财务支出流程、村级事务招待费支出流程、小型工程实施流程、中型工程实施流程、大型工程实施流程等九项流程规范。在农村集体“三资”具体管理中，建立农村集体“三资”红黄绿分级管理机制，由区农业农村局负责审计、“三资”分级评分，区纪委负责审计重大财务问题问责查处，区民政局对村级民主决策事项进行监督并联合下发审计问题落实整改通知书，区审管办对村级工程招投标程序进行监督并下发审计问题落实整改通知书，最终的“三资”审计及整改结果直接与村干部报酬和村级项目申报挂钩。

案例5-7根据笔者2018年在临安区调研乡村治理相关问题时所收集材料整理。临安区在提升乡村治理水平的政策制定与实施中，将村级集体经济组织的经营管理工作，特别是集体“三资”管理这一村民普遍关注的焦点作为重点。临安区制定的小微权力运行“九规范”不仅用于规范乡村治理中的民主决策程序及村级集体资产经营管理相关程序，而且被应用于村集体经济组织投资组建的公司等其他相关组织的管理中。村集体“三资”分级管理制度则是以对村集体资源、资产和资金管理规范度评估为抓手来监督村庄财务管理。将村集体“三资”管理情况与村干部报酬和村级项目挂钩，即奖励或优先支持“三资”管理规范的村庄，此案例同样是采取以农村集体经济组织管理水平提升为途径来提升乡村综合治理水平的思路。

案例 5-8

通过村集体经济组织创新人才引入机制的浙江德清案例

为吸引、留住人才以促进乡村发展，浙江省湖州市德清县三林村从2017年开始与脱胎于中国人民大学乡村建设中心的滋农团队以及浙江农林大学教授合作，合股成立德清滋农乡旅旅游开发有限公司，其中村集体占40%的收益权，乡村运营团队占60%的收益权。村集体参股公司形式保证了集体经济的长效发展，三年时间内村集体经营性固定资产价值从300万增值到2500万，每年为村集体带来经营性收入达150余万元。德清滋农乡旅旅游开发有限公司定位为社会企业，意在引导村民共建乡村，引导城市再识乡土。

案例5-8根据笔者所在团队2020年在德清县调研资料整理。根据本章关于农村发展相关支持政策中人才政策的梳理可见，创新乡村人才引入机制一直是政策探索的重点。特别是乡村振兴战略提出以来，全国各地出现了多种吸引人才进入乡村的做法，较为传统的做法如招聘大学生村官等，以及后来出现的一些现象，如引入农创客、新乡贤等群体。人才进入乡村除自主创业外，其发挥带动作用的另一个重要平台就是农村集体经济组织，即通过发展村级集体经济来探索乡村振兴之路。案例5-8所述三林村的模式便是通过农村集体经济组织平台，吸引人才参与乡村发展的一种尝试。在这种模式里，参与乡村发展的人才不再是简单地得到固定工资，而是与村集体结成紧密的利益共同体。这种模式下，外来人才的积极性得到充分调动，乡村也获得了较为长足的发展。这种利益共同体的运营基于现代企业管理模式，但却建立在对乡村共建、乡土再识目标的追求基础之上，而非之前饱受批评的工商资本下乡掠夺乡村资源、纯以经济利益为目标的模式。因而，其所带来的也并非单纯的村级集体经济收益的提高，而是整个乡村治理和乡村运行模式的综合变化。

四、农村集体经济组织发展对乡村治理现代化的作用

乡村振兴背景下，农村集体经济组织的组织模式和发展路径在不断进行创新。无论是从历史渊源、政策导向，还是从当前实践经验来看，农村集体经济组织的发展均会对乡村治理产生重要影响。未来农村集体经济组织的组织模式和发展路径创新将推动乡村治理现代化的实现，这一促进作用在当前一些改革实践中已经开始显现。本部分仅以浙江省杭州市临安区农村集体经济组织公司化运营模式改革和浙江省嘉兴市秀洲区及丽水市松阳县农村集体经济组织跨越空间的重组为例，来说明农村集体经济组织新的发展模式对未来乡村治理现代化的作用。

案例 5-9

浙江杭州临安区村股份经济合作社公司化经营改革

浙江杭州临安区村股份经济合作社公司化经营改革试点，目的就是探索集体经济市场化的有效实现形式，建立产权清晰、权责明确、法人治理的现代企业制度，激发村股份经济合作社发展集体经济的内在活力。一是村股份经济合作社自身可以经营的领域，如土地流转发包、特色农产品经营、农业产业社会化服务等，鼓励其按照市场经济规则积极开展经营，探索和推行了“自主经营”“合作经营”“参股经营”“租赁经营”等村股份经济合作社的有效经营形式。二是村股份经济合作社无法或不适宜经营的领域，如工程项目承建管理、村落景区运营管理、物业项目开发、有限额第三方投融资等，扶持其组建独资、控股、参股的企业，实行公司化运营。以“单村独资”“多村合作”“整镇抱团”“跨镇联合”等方式建立集体经

济发展有限公司，创新集体经济运行主体，提高运营效率、拓展业务范围，创建了干部激励、民主决策、容错机制、风险防范等新机制。

案例5-9根据笔者2019年至2020年在杭州市临安区调研资料整理。临安区于2019年发布了《村股份经济合作社公司化经营改革试点工作方案》，开始了基于现代企业制度探索村级经济组织发展路径的尝试。2019年，临安区新建高虹镇“龙门秘境”、於潜镇“光明”、太阳镇“红遍天”、湍口镇“泉乡”、板桥镇“板兴”等多家村集体经济发展有限公司，并随后逐年扩大试点范围。村集体经济发展有限公司的管理者主要由村两委干部担任。虽然公司经营基于现代企业制度，但公司具体决策过程仍要遵循临安区小微权力运行“九规范”，且政府部门对村级财务的监管也同样涉及对公司财务的监管，即村集体经济发展有限公司在一定程度上拓展了村集体经济组织业务范围并创新了其经营模式，但仍被置于乡村治理相关制度框架之下。反过来，村级集体经济发展有限公司的发展及其带来的村集体经济组织的增收，又会对乡村治理格局产生影响。如临安区为推进公司化经营改革，先后制定了公司规范运行、民主决策、绩效考核等一系列制度，并定期举办培训班来向村干部讲解这些制度。这些制度和相关培训一方面意在规范村两委干部的权力行使方式，另一方面意在调动其发展村级集体经济的积极性。村干部在依照新的制度规范发展村级集体经济的过程中，其传统的工作方式在发生变化。

案例 5-10

浙江嘉兴秀洲区城镇化进程中农村集体经济组织跨越空间的重组

近年来，嘉兴市秀洲区通过“飞地造血”“抱团取暖”“物光互助”等一系列办法促进村级集体经济收入的增长。“飞地造血法”是以区域或镇为单位，将上级安排给薄弱村或村集体存量低效建设用地指标置换到城镇规划区或工业园区，异地兴建物业项目。“抱团取暖法”是通过行政村组团兴建或购置物业项目，整合多方资源获取稳定收益。“物光互助法”是结合行政村物业项目及光伏发电补助政策，在物业项目选取合适屋面进行光伏安装，促进工业生产和生态环境融合。

案例5-10根据笔者2020年在嘉兴市调研资料整理。其中所述嘉兴市秀洲区城乡融合背景下部分农村集体经济组织发展模式与前述案例5-6所述丽水市松阳县农民易地搬迁后农村集体经济组织发展模式，代表了未来城镇化不断推进过程中，农村集体经济组织存续与发展的一种新的趋势，即跨越地理空间的重组。案例5-10所体现的是一种村集体资源的跨空间重组，如“飞地造血”是通过土地指标置换在异地兴建物业项目；“抱团取暖”和“物光互助”也使得村集体经济的发展超越了一个行政村的地域范围。案例5-6中的松阳做法体现的是一种乡村社会关系的跨空间重组。农民易地搬迁后，宅基地和承包地流转到村集体，由村集体经济组织统一经营。虽然村集体经济发展所依托的资源资产仍在原地理区域范围，但是该村的村民却分散在原地理区域以外。特别是随着近年来易地搬迁政策的变化，越来越多的农民被引导分散迁居于松阳县城的小区，村集体经济组织成员跨越空间重组现象更加明显。实际上，与案例5-6中的情形类似，案例5-10中的村集体经济组织成员的居住地也早已超出原来行政村的地理区域。随着城镇化进程的推进，这一趋势在其他地方也会愈发明显，加之不断深化的集体产权制度改革，这种跨越空间的资源与人员重组，使得村集体经济组织不仅是单纯的具体地理区域范围内资源资产所有者和管理者的角色，而且成为一种把分散在各处的曾经的农民以农村集体经济组织成员的身份连接起来的纽带。而未来的乡村治理无疑要有赖于这一纽带的连接机制。

案例 5-11

浙江杭州市临安区高虹镇“龙门秘境”集体经济发展有限公司

临安高虹镇“龙门秘境”所在的石门村、龙上村、大山村三个连片村作为临安农村综合改革集成区的试点区域，通过系统集成的改革，在村集体经济发展方面具有自身独特的优势和特色，试图探寻走出一条中国山区乡村振兴的特色道路。

“龙门秘境”所在的三个村的基本情况如下。石门村位于高虹镇中心西北面，是原石门乡政府所在地，2007年村规模调整时，由石门、汪家坞两村合并而成。全村下辖12个村民小组，农户441户，人口1219人，党员43名。全村总面积17.099平方公里，有山林面积25122亩，耕地面积589.5亩。全村四周环山，空气清新宜人，环境洁净优美，村民生活水平年年攀升。到2010年底，全村农民人均纯收入达到13604元，村集体经济收入达到30.85万元。龙上村位于临安区高虹镇北部山区，处于天目山北麓。距离临安区36公里，距杭州65公里。由原龙上村、木公山村、冷坞顶村三个自然村合并而成。龙上村总面积20.257平方公里，耕地面积852亩，林地面积28308亩，人均耕地面积0.6亩。全村下辖16个村民小组，居民家庭454户，常住人口1450人。2010年人均纯收入12582元。1986年龙上村被确定为中共中央政策研究室、农业部“全国农村固定观察点”。大山村位于高虹镇北部，北面与安吉天荒坪相邻，海拔600～800米，全村总面积17.7平方公里，林地面积25000亩，耕地面积740亩，人均耕地面积0.626亩，是林多地少的典型纯山区村。居民家庭由原龙头舍村、大山村、林家塘村、石路村四村合并而成，下辖15个村民小组，居民家庭377户，总人口1182人。

壮大村集体经济收入是实现乡村治理体系和治理能力现代化的重要基础，是推进乡村振兴战略实施的重要步骤。从实际情况来看，当前大部分农村的集体经济薄弱是乡村振兴面临的短板。为了改变村集体经济发展在政策制度、经营能力、经营资产等方面面临的问题，杭州临安区出台了《村股份经济合作社公司化经营改革试点工作方案》《村股份经济合作社公司化经营改革实施方案》，推进村股份经济合作社公司化经营改革试点。从经营主体、经营权利、经营业务以及相关政策等方面入手，不断建立健全村股份经济合作社经营机制和经营制度，创新村集体经济的发展路径，逐步提高村集体经济的收入水平。

石门、龙上、大山三村进行了公司化经营改革试点，联合组建成立杭州临安龙门秘境集体经济发展有限公司。三个村党组织书记任副总经理，董事长、总经理由镇里下派工作人员兼任，公司财务由镇“三资”代理中心会计兼任。公司经营业务范围包括物业管理、景区管理、卫生保洁、园林绿化、建筑工程、道路工程、农产品加工等。在政策支持下，龙门秘境集体经济发展有限公司在金融税费、容错机制、经营方式等方面有了更加灵活、有效的制度支持。

村集体经济公司化经营改革赋予了村集体经济更多更充分的经营权能，拓宽了村集体经济组织业务经营范围，为村集体经济发展壮大打通了新的渠道。通过联合组建三个村庄的集体经济发展有限公司，增强乡村内部资源要素整合集成能力，有效促进三产融合发展，不断提高村集体经济组织与工商资本的谈判能力，为发展壮大村庄集体经济和实现乡村经营奠定了坚实的基础。此外，地方政府还充分结合村庄实际情况，引导村股份经济合作社与工商资本进行合作，例如，石门村股份经济合作社、龙上村股份经济合作社、大山村股份经济合作社分别出资1.6～1.7万元，与杭州金诺农业发展有限公司成立杭州龙尚景区管理有限公司，三个村共计参股10%。

通过村集体经济发展有限公司经营效能的发挥，村集体经济收入有了比较明显的提高。“龙门秘境”所在的三个村从几乎没有集体经济收入到逐步增加了村集体经济收入。截至2020年，石门村的村集体经济收入达到36.8万元；龙上村的村集体经济收入达到30.2万元；大山村的村集体经济收入达到26.7万元。

第六章

农村社会组织建设与乡村治理现代化

近年来，我国农村涌现出许多不同类型的社会组织。实践证明，培育和发展农村服务性、公益性、互助性社会组织，有利于加快发展农村公共事业，逐步缩小城乡社区基本公共服务的巨大差距，有效促进农村基层社会治理。因此，在实施乡村振兴战略和加强乡村治理现代化的新形势下，通过深入研究农村社会组织发展现状与功能发挥、内部管理机制以及外部制度环境等，可以为农村社会组织的健康发展提供政策建议。同时，针对农村社会治理现状，研究农村社会组织如何与基层政府、社会公众等多元主体协同参与农村基层社会治理体制改革，有助于推动乡村治理现代化，促进乡村全面振兴。

一、农村社会组织与乡村治理现代化的理论分析

（一）农村社会组织的内涵、特点及主要类型

1.农村社会组织的内涵和特点

结合我国社会组织发展的实际情况以及学界相关研究，农村社会组织是指在农村地区的县及县域以下的乡镇、村落范围内，由农村基层群众自主成立或参加的，以满足不同需求为目的，从事经济、科技、教育、卫生、文化、环保、慈善等活动，具有非营利性、公益性、志愿性及地域性等特点的社会团体

或民办非企业单位。

农村社会组织主要有以下特点：

一是非政府性（即群众性、民间性）。农村社会组织的产生是为了满足农村居民的不同需求，是农村基层群众依据他们的共同爱好、兴趣、利益、意愿等自发自愿组成的社会组织。其所提供的服务是对特定的农村区域内的基层群众提供互助互益或具有公益性的服务。因此，农村社会组织具有典型的群众性或民间性的特征。

二是非营利性。即农村社会组织的成立不是以营利为目的，而是为实现组织成员的共同利益或社会公众利益。但其非营利性并不意味着不能开展经营性活动，关键在于农村社会组织的资产和产生的利润具有公益性质，不得进行利润分红，不得转化为私人财产。

三是互益性或公益性。农村社会组织所提供的服务和开展的活动属于社会互益性或社会公益性服务活动。一方面，农村社会组织是基层群众自愿参与，通过互帮互助等形式，开展农业生产互助活动、文化娱乐活动、体育健身活动等。另一方面，农村社会组织通过开展和动员组织成员参与环境保护、社会治安等社会公益活动，积极承担各项社会治理和公共服务工作，有效发挥了农村群众参与农村社会治理和公共服务活动的积极性。

四是组织性。虽然大多数农村社会组织人数少、规模小，但也具备一定的组织形式，如明确的组织目的与规范、较为固定的办公地点和活动场所、较为固定的人员组成、经常性地开展活动等。具备一定的组织性也是社会组织取得合法地位的必备条件。

五是志愿性。参与农村社会组织的目的主要是组织成员通过互帮互助或公益活动，满足其自身物质文化及精神文化等方面的需要。因此，组织成员参与活动不是任何部门或机构强制的，而是农民群众自觉自愿参与到组织活动中来。

六是地域性。由于农村社会组织的成员主要是在乡镇、村落范围内的居民，其所开展的活动也主要以上述地域为活动范围，因此，农村社会组织具有明显的地域性特点。同一类型的农村社会组织在不同的农村社区区域内部所呈现出的活动形式、活动内容以及实际效果也会有较大的差异。

2.农村社会组织的主要类型

按照组织生成机制，可以将农村社会组织划分为两类。一类是按照有关党政部门或人民团体的要求自上而下成立的农村社会组织，如农村老年人协会、农村计生协会、残疾人协会等。另一类是由基层群众自发组成的“产生于社区，服务于社区，活动于社区”的各类文体团队、社区志愿者队伍等农村社会组织，如农村社区老年秧歌队、村庄安全巡逻队等。

按照所发挥的作用，农村社会组织可以划分为三类：自治型农村社会组织，如社区和谐促进会、村民红白理事会等；互益型农村社会组织，如农村专业经济协会、农村社区文明促进会等；公益型农村社会组织，如农村社区志愿者组织等。

按照组织目标和活动领域，农村社会组织主要分为社区服务类、文体活动类、权益维护类、社会公益类、志愿服务类五种类型。从全国各地社会组织管理部门对社会组织的分类来看，大多数以此类标准来划分农村社会组织的类型。社区服务类农村社会组织为城乡社区居民提供日常生活服务，主要有社区性社会团体和社区性民办非企业单位两种形式，如社区服务中心、卫生服务站、民办幼儿园、民办福利院、敬老院、老年公寓等。文体活动类农村社会组织由腰鼓队、秧歌队、庙会、民间文化活动组织等社会组织构成。权益维护类农村社会组织能够帮助维护基层群众享有或实现法律所赋予的各种权益，如老年人协会、妇联组织等。同时，随着基层群众民主意识的不断加强，也开始出现社区居民为了维护和实现自身的权益而自发自愿组成的维权类社会组织，如行政村内部设立的村务监督委员会等。社会公益类农村社会组织包括帮困扶贫协会、爱心协会、社区治安巡逻队等。志愿服务类农村社会组织有志愿者服务协会、农村支教服务小分队等。

按照组织性质来看，目前农村社会组织大多数属于社会团体。其具体类型又可以分为三大类：社区服务类、文化体育类、维护权益类。社区服务类主要包括社区服务中心、志愿者协会、农村红白理事会等。文化体育类农村社会组织在一些发达地区的农村发展较快，如腰鼓队、秧歌队、老年体育协会等。维护权益类主要有村务监督委员会、老年人协会等。

（二）农村社会组织在农村社会治理中的功能发挥

近年来，农村社会组织在自我管理、自我教育、自我服务以及缓解社会矛盾、维护社会稳定、促进社会和谐等方面发挥着积极的作用，成为社会建设和社会治理的重要参与主体。

1.提供便民利民服务，满足基层群众的日常生活需求和精神文化生活需求，有利于和谐社会建设

随着农村居民生活水平的不断提高以及生活、工作节奏的加快，传统的家庭生活方式发生了很大的变化，人们的生活方式日益社会化和多元化。幼儿的日托、农村养老和社保的办理等都需要专门的相关组织来提供专门的服务。社区服务类社会组织有效提供了一系列便民利民服务，满足社区群众的日常生活需求，如农村社区内的民办幼儿园解决了核心家庭年轻父母的后顾之忧；一些农村社区内的综合社区服务中心等机构为老年人家庭和残疾人家庭提供了温馨、实惠以及方便的日常护理。

随着人们精神文化需求的不断增加，越来越多的农村居民希望参加文化体育活动。有着相同兴趣爱好的社区居民自发地组成了各种形式的文化体育类社会组织，通过开展丰富多彩的文化体育活动，既愉悦了身心，增强了体质，又加强了居民之间的沟通，增进了彼此之间的情感交流，促进了农村基层社区积极向上、健康文明的社会风气的形成，有利于和谐社会建设和乡风文明建设。

2.维护与实现基层群众的合法权益，激发农村居民参与农村基层社区民主治理的热情，增强了农村基层自治功能，促进和谐社区建设

村（居）委会作为基层群众性自治组织，通常工作人员较少，而基层工作又必须面面俱到，仅靠村（居）委会干部的力量很难达到预期效果。分布在社区的基层社会组织，如社区和谐促进会、红白理事会、老年人协会、居民联防队等，从居民生活帮困、治安治理、卫生保洁、扶残助贫、调解纠纷等方面，以其独到的、相对专业的能力，往往能让社区或村干部腾出更多的精力去做好其他服务工作。事实证明，农村社会组织作为公民参与社会治理的基础平台，将社区群众性自治空间从社区内单一的地缘群体（居委会、居民小组、邻里、楼院等）拓展到了社区内的趣缘群体、志缘群体、利益群体等多类社会群体；将社区群众性自治内容拓展到了社区公共生活的诸多领域，将服务功能覆盖到楼门、邻里和居民家庭，强化了社区服务功能，延伸了社区服务领域，在一定程度上满足了不同层次社区成员的需要。基层社会组织的发展壮大和功能发挥，进一步深化和拓展了村（居）民自治，增强了基层自治功能。

3.开展社会公益活动，承担基层公共服务性工作，促进基层政府职能转变

在现代社会，扶贫济困、助残养老、环境保护、社会治安作为社会公益事业，是相关政府部门尤其是基层政府部门应该履行的公共服务职能。然而，长期以来，由于多种因素制约，政府难以有效实施上述公共服务职能。近年来，随着行政管理改革的深入，政府各项职能也不断发生转变，相关政府部门通过购买社会公益服务或社会公益项目委托等方式，将本来由政府承担的社会公益服务委托给相关社会组织来承担。各种公益类社会组织可以开展社会公益活动，承担社区公共服务性工作，这样既为社区内的特定对象提供了有效的社会公益服务，又加强了与政府部门的联系和沟通，促进基层政府职能转变。

（三）新时代实施乡村振兴战略迫切需要农村社会组织参与乡村有效治理

近年来，党和国家非常重视农村社会组织建设发展工作。2018年中央一号文件指出，在乡村振兴战略中要推进乡村治理体系和治理能力现代化的步伐，鼓励服务性、公益性、互助性农村社会组织的发展，从而充分发动农村社会力量，做好农村志愿服务工作。2019年中央一号文件中指出要发挥农村社会组织在服务农民、树立新风等方面的积极作用，促进农村社会组织参与乡村治理，构建多元主体协同共治的农村社会有效治理体系。2019年10月，《中共中央关于坚持和完善中国特色社会主义制度　推进国家治理体系和治理能力现代化若干重大问题的决定》中进一步指出，发挥社会组织作用，实现政府的治理、社会的调节、居民的自治三者间的良性互动，打牢基层社会治理的基础。因此，随着农村经济社会全面发展以及乡村治理现代化需要，农村社会组织参与乡村社会治理具有巨大的发展空间。

二、农村社会组织发展存在的主要困境

（一）社会组织的管理体制和政策体系亟待完善

1. 社会组织管理的法律体系不健全

目前，我国社会组织发展速度很快，然而还没有一部关于社会组织的专门性法律。现行的关于社会组织管理的法律主要有三部，分别是国务院颁布的《社会团体登记管理条例》《民办非企业单位登记管理暂行条例》《基金会管理条例》，此外还有一些地方性法规、规章和规范性文件，这些法律法规在一定程度上加强了对社会组织的管理。然而，由于缺乏有关社会组织管理的纲领性的基本法律，同时，现有法律法规立法层次不高，相关规定内容过于原则化，导致现行法律法规之间缺少制度衔接，社会组织的登记管理部门、业务主

管部门与其他相关政府部门之间的活动也无法有效协调，从而导致实际管理工作中可适用的法律较少、操作性不强以及实际执法困难等问题。

2. 双重管理体制不利于基层社会组织的发展

目前，我国对社会组织实行双重管理体制（“归口登记、双重负责、分级管理”）。从各地实际情况看，这种双重管理体制不利于基层社会组织的发展。按照现有的双重管理体制规定，登记注册的门槛太高，基层社会组织难以通过登记取得合法地位。首先，基层社会组织很难找到相应的政府部门作为自己的业务主管单位。目前基层社会组织活动的内容和范围十分广泛，涉及许多政府职能部门。作为业务主管单位，除了要对其活动进行业务指导外，还要承担一定的管理责任，这就使得许多政府部门不愿意作为基层社会组织的业务主管单位。同时，按照相关法律规定，注册成立社会团体和民办非企业单位必须要有符合规定的注册资金、会员人数及办公设施等条件。按照目前基层社会组织的发展状况，能够达到这些规定要求的基层社会组织数量很少，从而导致很多愿意履行登记手续的基层社会组织被挡在了法律的门外，出现了许多“非法”基层社会组织。

在对社会组织的实际管理工作中，这种双重管理体制也未能落实到位。由于社会组织业务范围交叉、跨部门，加之又难于从法律、制度上确定某一社会组织的业务主管单位，无法界定业务主管单位的职责，造成一些政府部门因为业务职能不完全对应或无力管理而不愿做业务主管单位。同时，双重负责的管理体制事实上造成两个部门在登记和管理中，互相推诿和规避应当承担的责任，导致社会组织难以登记和管理。就登记管理机关来说，作为社会组织登记管理机关的民政部门，从事社会组织管理的机构人员紧张、经费紧张、工作被动的局面短期内难以改变，工作方式和技术手段有待进一步改善和加强。在一些中西部地区，社会组织的发展基本上处于一种自生自灭的状态，政府只能被动做一些登记统计工作，谈不上对社会组织的监管，更谈不上主动服务。由于办事经费不足，对促进社会组织的发展方面也力不从心。由于执法力量薄弱，民政部门对非法社会组织和社会组织违法违纪行为基本采取“有告则理、无告不理”的态度，不利于社会组织的规范发展。

3. 基层社会组织发展缺少优惠政策扶持

随着基层社会组织的发展壮大，基层社会组织提供了越来越多的公共社会服务，从很大程度上弥补了政府公共职能的不足，推动了公共社会事业发展及和谐社会建设。因此，各级政府应该转变政府职能，通过政府购买服务以及制定相关财政税收政策扶持鼓励基层社会组织的发展。然而，目前大多数基层社会组织的发展缺少优惠政策扶持。

（二）农村社会组织自身建设与发展存在缺陷

1. 农村社会组织结构不合理、发展不平衡

目前农村社会组织大多数属于社会团体，而民办非企业单位不多。从数量上来看，文体类组织占大多数，慈善类、救助类、社区服务类组织相对较少，且多数层次低，质量差，无法满足人民群众日益增长的物质生活和精神文化需要。

2. 农村社会组织自我发展能力薄弱

总体来看，农村社会组织的自我发展能力薄弱。许多农村社会组织难以拥有固定的属于组织自身的办公场所，在组织活动经费保障方面明显存在不足。例如，目前浙江省农村老年协会面临的最突出问题就是经费短缺，协会经费来源渠道少，而且缺乏制度保障。除一些村级集体经济发达的行政村由村“两委”拨款，或由老年协会通过经营自有固定资产获得比较稳定的收入外，相当一部分的老年协会没有固定经费来源，有的甚至是仅以会员会费作为经费来源。协会经费来源缺乏稳定性和持续性，直接影响协会日常工作的运转和活动

的开展，制约了协会的发展和作用的发挥。

3. 农村社会组织内部管理水平不高

目前，农村社会组织普遍缺少比较科学规范的内部管理，从而影响了组织的健康发展和组织作用的发挥。许多农村社会组织缺少专门的组织管理人才，主要表现在组织负责人及主要管理人员缺少社会组织管理经验、欠缺财务管理知识与技能、社会服务意识与观念不强等。一些农村社会组织由于经费缺乏，很少聘请专职的管理人员，选举产生的负责人大多数是身兼数职、分身乏术，真正投入到社会组织当中的精力只是很少一部分，“平时各自管，用时开开会，忙时抽人手”的不规范运作情况较普遍。由于农村社会组织大多规模较小，同时存在缺少经费，没有固定的办公场所等问题，因此，在组织的内部管理方面往往存在组织制度不健全、活动开展不固定、经费管理不规范、日常管理不民主等问题。

三、农村基层社会治理中存在的主要矛盾与问题

（一）撤并村后的社区融合难，村域服务与治理难以有效开展

近年来，随着农村行政管理体制改革的深入，基层政府职能逐步转向服务型，基层治理和村民自治的空间不断扩大。同时，为了加强农村基层公共服务，各地不断推行撤并村或者村改居。新成立的建制村（社区），从村域边界、村民小组（自然村）数量到农村居民户及人口数量都不断扩大或增多。这种新型农村社区部分集中了公共服务资源，减少了村“两委”班子成员，从而降低了基层政府的行政治理成本。然而，各村民小组（自然村）之间的“三资”差异、宗族与村落情感以及空间距离较远等原因，导致新成立的农村社区内部各村民小组之间以及村民之间很难实现社区融合。同时，由于村级“三资”管理与收益分配、公共资源项目在村域内部实施不均衡以及村“两委”班

子的选举与配备等方面存在诸多问题，导致村级组织管理涣散，村“两委”班子能力不强，在许多村出现村级公共事务无人管事、无钱办事的现象，村域服务与治理难以有效开展。

（二）“美丽乡村”建设政府包揽过多，村民主动性和参与性不足，甚至滋生“等、靠、要”思想

乡村振兴和“美丽乡村”建设的实施极大地改善了农村公共基础设施，提高了公共服务水平。同时，随着各级各类建设项目的实施推进，为了加强对项目资金、实施进度和项目效果的监督和考核，各级党委、政府职能部门对这些建设项目包揽过多，政出多门，缺少协同分工，缺少对项目实施的针对性和实效性的科学统筹与合理安排。面对名目众多、资金充裕的建设项目，村级组织也蜂拥而至，动用一切社会资源跑部门拉项目，至于建设项目实施是否适合村级发展需要、如何实施以及成效如何等问题则欠科学规划与统筹安排。正因为政府对各类建设项目包揽过多，导致村级组织和村民的主动性、参与性不足，甚至滋生“等、靠、要”思想，原本属于村民自治的村级公益事业如环境卫生、村庄绿化等也都指望政府出资出劳来解决。

（三）党政职能部门和乡镇（街道）与村（社区）组织之间的关系尚未理顺，各自职能亟待规范厘清

近年来，各级党委、政府将“三农”工作作为党政工作的“重中之重”，不断转变党委和政府职能，制定和实施了一系列支农惠农政策及项目，以更好地服务“三农”工作。然而，由于上级党政部门、乡镇（街道）的党务和政务职能与村民自治职能定位及相互关系未能明确厘清，各级机关部门和乡镇（街道）为了推进工作，简单地将大量的党务和政务延伸至村（社区），导致“上

面千根线，下面一根针”，村级组织承接了大量的非自治性事务，各种挂牌、考核评比、达标创建、台账报表等工作加大了村级组织负担，导致村“两委”班子成员疲于应付，影响了村民自治功能的有效发挥。

（四）村级集体经济产权不清，发展缺乏后劲，导致村级社会服务与治理缺乏经济支撑

村级集体经济的发展能为村级公共基础设施建设、公共服务以及村民自治的开展奠定坚强的物质基础。但是，随着城市化、工业化快速发展，在一些城郊村、城中村、园中村以及其他集体经济发展较快的村，村级集体资产产权不清、主体不明、治理不力、分配不公、监督欠缺等问题导致村民与村“两委”、村经济合作社以及乡镇政府之间的矛盾日益增多与激化，影响了农村基层社会治理与和谐社会建设。

（五）村级组织与村干部的社会服务与治理能力亟待提高，村“两委”班子的协同与融合尚待加强

由于农村经济社会发展转型不断加快，农村社会治理与服务面临许多新情况新问题，从而对村级组织与村干部的社会服务与治理的素质和能力提出了更高的要求。目前，一些村干部文化素质不高，缺少应对农村复杂的经济发展和社会服务与治理的经验。尤其是新担任村“两委”主要负责人的“老板村官”如何从“经济能人”转变为“治理精英”、如何处理好企业发展与村庄发展之间的关系等问题，是基层政府相关职能部门和“老板村官”们迫切需要解决的问题。此外，由于现有的相关法律及制度对村“两委”地位和职责规定不明确，以及受乡村宗族、宗派等传统势力的影响，在一些村还存在较为严重的村“两委”班子（尤其是主要负责人）不和以及分工混乱等问题，从而影响了村级组织的正常运转以及村民自治工作的有效开展。

（六）村民自治中的宗族和宗派等人为因素难以根除，相关法律、制度有待完善，村民民主法治观念亟待增强

虽然农村经济社会发展转型不断加快，但是乡村社会的落后观念和文化难以在短时间内消除，尤其是唯血缘亲情为判断标准以及宗族与宗派等因素依然在农村经济社会发展中发挥作用。村民自治既是现代民主发展的产物，更是村民基于其生产生活发展的需要而自觉制定的村规民约，因此，村民自治中的宗族和宗派等人为因素难以根除。相对于农村经济社会的快速发展而言，有关村民自治的相关法律、制度还存在许多需要完善与修改之处，同时村民的民主法治观念也亟待增强。

（七）特殊人群的社会服务与治理工作尚显不足，尤其是大量流动人口的社会融合、社会服务与治理工作亟待加强

随着城市化和工业化的快速发展，一些地处城郊或工业园区的传统农村迅速解体，农村居民也成为城郊村、城中村或园中村中的失地农民。面对庞大的失地农民群体，必须加强和完善失地农民的社会保障，促进其就业能力的提高，减少与预防失地农民由于土地征用及生计问题而引发的各种社会矛盾。传统农业型村落中大批劳动力进城务工经商，形成了大量的空心村以及留守儿童和留守老人。要有效解决留守儿童的健康成长以及留守老人的安享晚年等问题，迫切需要加强传统农业型农村社区（尤其是空心村）的公共基础设施建设和公共服务。

（八）农村基层社会治理与服务工作呈现出多部门“分而治之”，缺少“协同共治”，影响了社会治理与服务的实际效果

近年来，各级党政部门非常重视农村基层社会治理与服务工作，从规章

制度、设施建设、资金和人员配备等方面不断完善。然而，由于缺少统一的领导部署和合理统筹安排，导致多部门参与农村基层社会治理与服务工作，甚至出现了此部门职能越位和彼部门职能缺位的“分而治之”现象，既浪费了大量公共资源，又影响了基层社会治理与服务的实际效果。例如，围绕农村公共服务这项工作的开展，既有民政部门设立的“社区服务中心”，也有纪委设立的“便民服务中心”，还有政法部门设立的“社区社会服务治理站”等，而且都要求村（社区）必须挂牌、设置工作台、配备工作人员等。但从村（社区）级公共治理与服务的实际需求和运行效果来看，上述公共服务与治理工作由于受办理权限、资金、人员以及农村居民实际需求等因素制约，未能充分发挥作用。针对农村公共治理与服务的实际情况，完全可以通过党委统一领导部署、理顺关系，由职能部门通过有效整合相关资金、人力等资源，建立统一的农村社会治理与服务平台，统筹实施运行。

（九）新型农村集聚区治理体制亟待理顺，基础设施与公共服务有待完善

由于国家实施大型公共建设项目（如水利、交通及扶贫等），或者是在新型城镇化进程中由于产业集聚、旧村改造等原因而导致原来的村落空心化或基本解体，村民整村或分散易地安置，形成新型农村居民集中生产生活的区域。调查发现，大多数新型农村集聚区实行小区化建设模式，社区居民住房楼宇化，公共基础性设施（供电、供水、道路）基本完善。然而，由于涉及多部门建设与管理的体制与政策的配套协调以及易地安置等因素制约，许多新型农村集聚区的居民在户籍管理、子女上学、社会保障、社区治理与服务等诸多方面尚存在许多问题迫切需要解决。

四、农村社会组织协同参与乡村治理的典型实践

（一）融合性社会组织协同参与流动人口社会服务与治理的重要作用与典型实践

融合性社会组织是指在发达地区流动人口集中工作和居住的社区，由相关政府管理部门或基层组织主导，发动和联合流动人口中的精英群体组成群众性自治组织，共同对社区范围内的本地居民与外来“新居民”开展社会服务与社会治理，从而预防和化解社区矛盾，促进新老居民融合，实现和谐社区建设。由于各种制度性、体制性因素影响，大量流动人口在流入地难以实现社会融入，容易产生相对被剥夺感，增加了社会不稳定因素和社会风险隐患。同时，流动人口的流动性强、合法的组织化程度低，加大了社会治理的难度，导致基层政府难以对其进行有效社会服务与社会治理。

1.融合性社会组织协同参与流动人口社会服务与治理的重要作用

实践证明，融合性社会组织在协调本地居民与外来流动人口的社会关系、促进流动人口的社会融入、预防社会冲突、促进社会公平和维护社会稳定等方面发挥着重要作用。可将融合性社会组织协同参与流动人口社会服务与治理的重要作用总结如下：

第一，增进了解与沟通，促进流动人口的社会融入。在发达地区，流动人口往往被贴上“脏”“乱”“没素质”等负面标签，难以被本地人认同与接纳。整体上，流动人口在参与流入地社会生活方面缺乏主动性，社会参与程度较低，难以实现社会融入，难以与当地人形成和谐的社会关系。同时，由于基层政府管理部门与流动人口之间缺乏一个有效的联系桥梁和纽带，当流动人口遇到一些突发性事件时，他们缺乏解决问题的合法合理化渠道和途径，只能求助于亲友和老乡，从而往往导致群体性事件的产生，影响到社会有效治理和社会稳定。

融合性社会组织的建立可以有效协调流动人口与基层政府及当地居民的关系，为流动人口的社会参与和社会融入提供一条可行的途径。流动党支部主动协助地方政府开展社会事务治理，通过提供服务调动流动人口参与当地社会活动的积极性，并通过举办各种活动为流动人口与本地居民提供互动与交流平台，促进彼此之间的了解与沟通，提高本地人对流动人口的认同度与接纳度，实现流动人口的社会融入。同时，融合性社会组织的建立可以为当地政府与流动人口提供传达信息与表达诉求的渠道，是地方政府和流动人口上情下达、下情上达的重要枢纽。融合性社会组织可以将政府的相关政策信息传达给流动人口，取得民众的理解和支持，促进政策的贯彻实施；同时，还可以将流动人口面临的现实问题和诉求意愿等反映给政府相关管理部门，为政府制定相关社会治理政策提供决策参考。

第二，化解社会矛盾，预防突发群体性事件的发生。突发群体性事件是不满情绪聚积到一定程度导致矛盾不断激化后爆发的结果。美国社会学家科塞认为，缺乏发泄不满情绪的途径，被剥夺感就越强，社会冲突越可能爆发。不满和对立情绪的发泄具有安全阀的功能，建立健全社会安全阀机制有利于维护社会稳定和谐，促进社会整合和良性运行。由于现有体制机制的局限，发达地区部分基层组织与基层政府未能在流动人口中建立突发事件的预防与干预机制，面对流动人口的不满情绪或冲突难以进行有效的疏导，从而使矛盾不断激化，导致群体性事件的产生。融合性社会组织的建立能够通过组织活动将流动人口有序地组织起来共同商讨面临的问题，可以为流动人口不满情绪的发泄与疏导提供一个制度化的平台和社会安全阀机制，化解社会矛盾，避免群体性事件的发生，维护社会的稳定和谐。

第三，满足流动人口的多层次需求，提高生活满意度。流动人口（尤其是新生代农民工）往往由于自身素质不高，缺乏技能，难以找到好的工作，工资收入低，生活质量不高，而且在繁重的工作之余，缺乏文化娱乐活动，生活单调乏味，同时由于远离家乡与亲人，其精神与情感需求难以得到满足，容易导致情绪低落。融合性社会组织的建立可以向流动人口传递就业方面的相关政策和信息，提供职业技能培训等服务，帮助他们解决就业等最现实的问题。同时，融合性社会组织可以通过开展各种文化娱乐活动，为流动人口精神与情感需求的满足提供有效平台，如开展篮球赛、拔河比赛、青年娱乐大篷车等文娱活动，可丰富流动人口业余文化生活，满足他们的精神文化需求，促进流动人口之间以及与本地居民之间的社会交往互动，改变流动人口的“外乡人”社会隔离感。

第四，弥补政府权威的部分缺失，降低社会治理成本。权威是对权力合法性的认同。权威的缺失就意味着人们对权力合法性的不认同，具体表现为不信任、不理解、不支持等。由于诸多原因，目前发达地区基层政府难以满足流动人口的各种需求，造成基层政府在流动人口群体中“权威的缺失”。当发生涉及流动人口的突发事件时，他们对当地政府部门缺乏信任，进而增加了突发性群体事件发生的可能性，也加大了地方政府的社会治理成本。

融合性社会组织的建立可以形成流动人口服务与治理的“同乡服务同乡”的模式。相关服务人员也是外来人，外来人身份与同乡关系拉近了融合性社会组织与流动人口的距离，使融合性社会组织的工作容易开展。同时，融合性社会组织以流动人口的现实需求为出发点，为他们提供各种服务，满足其需求，从而逐渐在流动人口群体中建立起威信，使他们在遇到突发事件时首先想到的是求助于融合性社会组织，而不是联合老乡采取集体无理性行动。融合性社会组织在流动人口中威信的建立也消除了许多社会治安隐患，在一定程度上弥补了当地基层政府权威的部分缺失。

2.融合性社会组织协同参与流动人口社会服务与治理的“慈溪模式”

慈溪是长江三角洲经济圈上海、杭州、宁波三大都市经济金三角的中心，全国县域经济基本竞争力排名第三位，是长江三角洲南翼的工商名城，是具有国际影响、国内一流的生产和制造基地，诸多行业已经形成产业集群，民营经济十分发达。发达的民营经济吸引了大量经济欠发达地区的流动人口来慈溪务工，涉及全国绝大部分省份，主要集中于四川、江西、安徽、贵州、河南等省。2020年末，慈溪市户籍人口106.17万人，其中市级97.93万人。全市有登记在册流动人口116.85万人，其中市级92.31万人。大量流动人口的进入，既促进了慈溪民营经济的快速发展，同时也造成了公共服务资源短缺、社会治安问题突出、社会矛盾激化以及社会秩序混乱等社会治理问题。因此，必须要创新农村社会治理，更好地推动本地人与流动人口的社会融合，促进和谐社会建设。近年来，慈溪市广泛培育发展和谐促进会等融合性社会组织，积极推行基层组织和社会组织协同治理的基层社会治理模式，全面开展“网格化治理、互助式服务”，有效促进矛盾纠纷的就地化解、群防群治的积极开展、新老村民的沟通融合，满足了群众对社会公共服务的多样化需求，激发了广大群众参与社会治理的积极性和创造性，增强了基层社会的自治能力，促进了社会的和谐稳定。

第一，党政部门转变社会治理理念，引导支持和谐促进会发展，加强流动人口服务与治理。近年来，慈溪市为了更好地促进经济发展与社会和谐稳定，实现包容性发展，市委、市政府主动转变社会治理理念，坚持重心下移，把基层社会治理的着力点放在村（社区）、企业，确立了“全面覆盖、全员和谐”的基层社会治理新理念。通过在村（社区）划区块、建网络、搭平台、整力量，推进基层社会治理由松散型、粗放型向精细化、扁平化转变。尤其是高度重视对流动人口的服务与吸纳，引导支持融合性社会组织发展，加强流动人口服务与治理。早在2006年初，慈溪市委领导带领市综治办、市民政局到流动人口相对集中且社会矛盾频发的掌起镇陈家村、坎墩街道五塘新村等地调查，与墙兴贵、吴有水等热心外来工事务的外来精英座谈，了解流动人口的现实需求及服务治理等方面存在的问题。通过深入调研，初步考虑在农村成立由本地人和流动人口共同参与的融合性社会组织——村级和谐促进会。2006年4月，五塘新村在市民政局办理社团备案登记，成立了慈溪市首家村级和谐促进会。同年

5月，掌起镇陈家村成立第二个村级和谐促进会。到2019年，慈溪全市347个村（社区）已全部组建“和谐促进会”，参与企业200余家，参与外来人口10万余人，累计化解各类矛盾3万余起，2018年的纠纷事件相比2007年下降70%以上。

为了促进流动人口的服务治理工作能够做到统筹谋划、综合协调，并推动村级和谐促进会健康发展，2007年10月，慈溪市建立了市委、市政府直属的事业单位——暂住人口服务管理局，并和市村级和谐促进会建设指导委员会办公室合署办公，抽调相关职能部门人员组成维权服务中心，建立起一支9人的相对独立的服务和治理队伍。该机构的主要工作职责为：负责暂住人口服务治理工作的政策性研究、分解落实外来务工人员服务治理工作任务及监督考评、协调外来务工人员服务治理工作中遇到的重大问题、及时发布外来务工人员就业等方面的预警和指导信息、负责“村级和谐促进会”的指导工作等。同时，在镇级建立了和谐促进联合会，切实加强组织领导和工作指导。

第二，村级组织主导，村干部与流动人口精英合力组建“和谐促进会”，协同开展社会治理。在慈溪市，大部分流动人口都居住在城郊接合部或工业园区附近村庄的出租房，从而形成了本地村民与流动人口杂居混居的生活格局。文化习惯、生活方式的差异以及缺少交流等原因，导致本地村民与流动人口之间的关系日益紧张、矛盾不断激化。尤其是本村人与外地人之间发生矛盾时，外地人对村“两委”缺少认同感，不服村“两委”的治理和调解，认为村干部偏袒本村人。而本村人也认为村“两委”治理村庄不力，导致出现了许多矛盾和问题。面对这种农村社会治理新形势、新矛盾，在慈溪市委、市政府及相关部门的引导支持下，坎墩街道五塘新村和掌起镇陈家村的村“两委”负责人通过与吴有水、墙兴贵等热心为外来务工人员办事的外来精英沟通，决定率先成立由本地村民和外来务工人员共同参与的融合性社会组织——村级和谐促进会，来共同开展农村社会服务与治理。村级和谐促进会运作模式是“政府引导、村级组织、企业参与，新老市民共建共享的民间组织”。其会员主要由村干部、优秀外来务工人员、社区保安、村民代表、出租私房房东、私营企业主等组成。村民和外来务工人员人数各占一半，一般由外来务工人员中服务意识强、社会威望较高的精英人物担任专职副会长，纳入社区保安编制，享受保安队员的工资待遇。村党组织书记担任会长，并根据流动人口居住分布情况设立片、组，由他们中的优秀分子担任片长或组长。同时，为实现组织社会化、会员网络化、治理专业化，村级和谐促进会还设立会员、党团、文体等7个专门工作委员会。由各村（社区）班子成员包片负责各片区服务治理工作，同时聘任了多名热心公益、信息灵通、乐于奉献的村民小组长、楼道长、企业班组长、社区保安队员、退休干部、外来务工人员等社会力量为小组正副组长，实行包干到户责任制，承担民情采集、矛盾调解、活动组织、综合服务等职责，进一步拓宽了社会治理的宽度和广度，加强了社会协同和公众参与。

慈溪市村级和谐促进会的成立与发展壮大，是在农村社会服务与治理的新形势下，以促进流动人口与本地人的融合，切实增强新老慈溪人的安全感和归属感，共享经济社会发展成果为宗旨的成功探索，该市在党政部门引导支持下，农村基层组织主导，建立和完善了一套以村（社区）党支部为核心、村（居）民委员会为主体、村经济合作社为支撑、村（社区）和谐促进会为依托，充分发挥和谐促进员积极作用的“多元一体”的基层社会治理体制，凝聚了农村基层社会治理合力，使应急性、管控性的传统治理模式向常态化、多元化的现代善治转变，开创了基层行政治理与社会力量互联、互补、互动的新局面。

（二）农村老年协会协同参与农村基层社会治理的重要作用及典型实践

近年来，农村老年协会在协同参与农村基层社会治理方面有着形式多样的探索实践，也起到了重要作用，主要体现在以下四个方面：

第一，通过为老年人开展文体活动，丰富老年人的精神文化生活，促进老年人“老有所乐”。例如，浙江省义乌市何斯路村老年协会开展了形式多样的文体活动，主要包括：每天早晚（除雨天外），协会组织村里的老人到村口文化广场开展跳舞、太极拳、腰鼓、柔力球以及健身气功等文体健身活动。组织村老年电大每月逢初五、十五、二十五下午开课学习，除学习电大课本之外，还宣讲党的方针政策、国内外大事、美丽乡村建设、道德素质教育、养生保健知识等内容；同时还邀请执业医师在村老年电大作预防疾病和养生保健方面的知识讲座；老年电大还组织开办“面点和农家菜烹饪”讲座，提高了村民的生活质量和身体健康水平。每月逢农历初二、初五、初八下午开展文娱活动，为老年人播放戏曲、电影等录像，全年播放100次以上；举办何斯路村老年人健康运动会，现已成功举办两届。通过开展丰富多彩的文化活动，既促进了老年人彼此之间的互动交流，丰富了老年人的精神文化生活，又传承和发展了村落传统文化，营造了文明和谐的村风氛围，促进了乡风文明建设。

第二，通过开展老年人互助服务活动，有效推动农村居家养老服务工作的开展。浙江金华市琅琊镇徐村老年协会为了改善老年人的生活质量，根据老年人的实际情况，联系相关部门为老年人提供应急援助、医疗服务、生活服务、家政服务、家庭矛盾调解、爱心援助、聊天陪护、殡葬服务等，深受老年人的欢迎。玉环县坎门街道红旗社区老年协会针对社区老年人较多，而且子女忙于工作，独居老年人较多的现实情况，积极倡导和推行居家养老服务。基于生活不便的老年人不能熟练掌握电话使用功能，协会与电信公司协调开展“一键通”服务，在社区服务中心设立一键通服务总台，安排社区服务人员值班。当居家老年人有不能自理的需求时，拨一个键呼叫总台，社区服务人员就会根据需要及时提供相应服务。玉环县大麦屿镇双峰社区老年协会也积极为老年人提供居家养老服务。协会针对村里中青年外出较多或忙于工作的现实情况，专门安排2～3人对行动不便老年人提供日常生活照护。这些老年人如果平时需要一些生活日用品，无需出门，可直接打电话给村里的超市，由其送货上门，费用由老年协会承担。

第三，通过开展优秀传统文化主题活动，有效促进村落优秀传统文化的传承和发扬，促进乡风文明建设。金华市琅琊镇徐村老年协会牵头和组织协会成员整理收集当地曾广为传唱的民歌，并组织成立农民坐唱班，对一些经典的民歌进行谱曲教唱，同时多方筹集资金整理出版，有效地保护和传承了村落传统文化。玉环县坎门街道红旗社区老年协会结合当地传统的玩鱼灯和舞龙等文化风俗，组织老年人积极排练，并在重要节日如国庆、春节时在社区或外出表演，既丰富了老年人的精神文化生活，又传承和发扬了当地优秀传统文化，促进了乡风文明建设。义乌市何斯路村老年协会利用村里传统的酿酒文化，每年组织村里传统的何氏家酿曲酒节，既传承和发扬村里优秀的传统文化习俗，又为发展乡村旅游开辟了新的人文资源。

第四，通过积极参与村“两委”开展的社区治理活动，有力促进和谐乡村建设。义乌市何斯路村老年协会积极参与村庄建设，组织开展一系列活动，如发动老人们积极参与村庄“清洁家园”活动，以身作则，用自身的行动给年轻人树立良好榜样，促进了村庄村容村貌整治。此外，老年协会还主动参与和支持村“两委”开展村庄治理工作，积极为村“两委”出谋划策，主动宣传政府相关政策和村庄发展决策，帮助村“两委”做好群众工作，解决拆迁征地中的难题，为村庄经济发展和和谐家园建设作出了显著贡献。老年协会利用协会主要管理人员的威望，积极参与村民家庭内部矛盾及村民之间矛盾纠纷的调解工作，有效地促进了和谐村庄建设。玉环县坎门街道红旗社区所辖地区范围大，辖区人口多，尤其是流动人口非常多，社区治理能力有限。该社区老年协会积极主动参与社区治理工作，利用协会人员的社区权威，主动调解社会纠纷，化解外来人员与本社区居民之间的矛盾，促进了社区和谐，维护了社会稳定。

（三）农村社会组织协同参与农村社会治理的新“枫桥经验”

“枫桥经验”起源于20世纪60年代浙江省诸暨市枫桥镇干部群众在农村“社会主义教育运动”中，试行“依靠和发动群众，坚持矛盾不上交，就地解决，实现捕人少，治安好”，改造“四类分子”的做法。该做法曾得到毛泽东的批示：“要各地仿效，经过试点，推广去做”。近年来，随着农村经济社会发展转型，各种新问题、新矛盾不断产生，迫切要求建立健全农村社会治理新体制、新机制。枫桥镇不断继承和创新“枫桥经验”，同时，借鉴推广“网格化管理、组团式服务”，形成了党政主导、群防群治、村级组织与社会组织等多元主体协同开展农村社会治理的新“枫桥经验”。

党政领导负责，建立健全综合治理机构，开辟和畅通群众利益诉求主渠道。针对农村社会治理工作事杂、面广、点多等特点，结合新时期农村社会治理的新形势、新任务，枫桥镇加强党委领导，充分整合政府资源，建立健全综合性的农村社会治理机构和制度。建立政法委员会，与综治办合署办公，配齐党委分管政法副书记。加强综治、司法、信访、调解、警务、流动人口、安全管理、应急管理、土地管理、劳动管理、社区矫正、反邪教“十二位一体”的镇综治工作中心建设，负责全镇社会治安和稳定的日常维护工作，综治、司法、调解、信访统一办公，对群众来访及各类案件“一站式”受理，提高服务效率和服务质量。同时，为了更及时全面地了解民情民意，逐步完善、规范全镇各行政村和社区综治工作站建设，实行“一站三室”，把工作站与警务室、司法室、调解室等相结合，配备相关专业人员，及时调解处理村综治组织移送的各类纠纷矛盾，开辟和畅通群众利益诉求主渠道。

村级组织与社会组织协同开展“群防群治”，构建社会矛盾预警及化解机制。在继承和发扬“枫桥经验”的基础上，结合农村社会治理的新形势，枫桥镇在社会治理创新工作中按照“党委领导、政府负责、社会协同、公众参与”的社会治理新格局要求，逐步实现了多元主体协同开展“群防群治”，构建了社会矛盾的预警和化解机制，实行“三个强化”，全方位组织落实社会治理创新工作。强化政府领导，成立由镇主要领导任组长的试点工作领导小组；强化机制保障，抽调政府相关人员成立专门办公室，分设督查指导组、后勤保障组、资料收集组、经验总结组等；强化管理理念，组织召开党政班子联席会、研讨会等，增强责任感和使命感。同时，建立健全农村民主自治制度，加强村级基层组织建设。一方面，加强农村基层党组织建设，充分发挥村党支部的领导作用以及党员模范带头作用。另一方面，创新“征集议题、酝酿论证、审议决策”的“三上三下”村级议事制度，提高村级事务决策的民主化、科学化、制度化水平，实现了由“村官治村”向“制度治村”转变，加强和完善村级“三资”管理制度，实现村务公开、民主监督，构建及时高效的社会矛盾预警机制。

坚持以社会服务促进社会治理以及综合为民服务的工作模式。充分动员社会力量和社会资源，组建“专业服务队—管理服务团队—专业服务组”三级服务团队，开展“组团式服务”工作。在镇级层面建立了文教卫生、应急救助、综治协管、综合抢修、村镇建设5支专业服务队，在村（社区）级层面，每村（社区）建立网格服务队，在村（社区）网格区内，建立社会事业、治保调解和村镇建设等专业服务组。同时，构建“社会协同、公众参与”的社会治理机制，发动各类社会组织及社会力量协同开展社会治理，充分动员广大群众积极参与“群防群治”。据统计，枫桥镇有超过总人口 10% 的群众以综治信息员、调解员、义务巡防队队员、义务消防队队员、平安志愿者等不同身份参与到社会治理中，而且这支队伍还在逐步扩大。这种“社会协同、公众参与”的“网格化管理、组团式服务”，既为广大群众提供了完善的社会服务，又加强了与群众的紧密联系，深入了解到群众的需求以及潜在的矛盾和问题，并能整合政府、村级组织和社会组织等多方力量及时地化解矛盾、解决问题，从而有效构建了社会矛盾预警和化解机制，促进了农村和谐社会建设。

五、促进农村社会组织协同参与新时代乡村治理的政策建议

（一）改革创新基层社会组织登记管理制度，建立登记与备案并存的双轨制

为了更好地促进农村社会组织的功能发挥，要从基层社会组织发展经费

短缺、实力较弱、规模较小等实际情况出发，适当放宽基层社会组织在人员数量、资金数额、办公住所等方面的登记条件限制。通过适当降低“门槛”、简化登记程序等多种手段，把那些符合登记条件的基层社会组织及时纳入到民政部门的监督管理范围，实施有效的监督管理。对于部分尚未达到登记条件，但正常开展活动且符合经济社会发展需要的基层社会组织，应当给予备案，实施备案制度管理。

民政部《培育发展社区社会组织专项行动方案（2021—2023年）》指出，实施社区社会组织规范管理计划，完善分类管理。落实分类登记管理要求，符合条件的社区社会组织要依法登记；对规模较大但未达到登记条件的社区社会组织，由所在乡镇人民政府、街道办事处实施管理；规模较小、组织松散的社区社会组织，由城乡社区党组织领导，村（居）民委员会对其活动进行指导和管理。对未达到登记条件的社区社会组织，各省级民政部门要研究制定管理工作规程，细化工作内容和工作规范，指导街道（乡镇）、城乡社区落实相关要求。

（二）完善基层社会组织相关法律制度

《中华人民共和国国民经济和社会发展第十四个五年规划和2035年远景目标纲要》指出，要发挥群团组织和社会组织在社会治理中的作用，畅通和规范市场主体、新社会阶层、社会工作者和志愿者等参与社会治理的途径，全面激发基层社会治理活力。培育规范化行业协会商会、公益慈善组织、城乡社区社会组织，加强财政补助、购买服务、税收优惠、人才保障等政策支持和事中事后监管。

随着基层社会组织的不断发展壮大，关于社会组织管理的现行相关法律法规已经不能适应社会组织发展的需要，国家立法机关要积极酝酿出台《社会组织法》，当务之急要加快对《社会团体登记管理条例》和《民办非企业单位登记管理暂行条例》的修订完善工作。同时，地方政府要加快建立基层社会组织的地方规章制度，及时出台相关实施办法或细则。有条件的地方应对农村社区社会组织予以规范，营造良好的法治环境。

（三）加强组织内部规范化管理，培养组织管理专门人才，提高组织发展能力

针对基层社会组织组织制度不健全、活动开展不固定、经费管理不规范、日常管理不民主以及缺少组织管理专门人才等问题，民政部门和业务主管单位既要强化对基层社会组织的制度化管理，帮助其建立健全各项组织规章制度，同时要积极开展对组织主要负责人及管理人员的能力和素质培训，提高基层社会组织负责人的管理水平。要积极打造基层社会组织的交流学习平台，通过举办培训班、座谈会、经验介绍会等形式，加强基层社会组织负责人的业务知识和业务能力的培训，提高负责人的素质，以更好地为基层社会组织的发展服务。

民政部《培育发展社区社会组织专项行动方案（2021—2023年）》指出要实施社区社会组织能力提升计划，首先要培养一批骨干人才。各地民政部门要统筹社区、社会组织、社会工作力量，制定培训计划，培养社会组织工作的骨干队伍。要通过举办示范培训、网上课堂、新媒体教学等多种方式，面向街道（乡镇）民政助理、城乡社区工作者、儿童主任、社区社会组织负责人、社区社会工作者、社区志愿者等，广泛开展各类能力培训，将社区社会组织党的建设、培育发展、能力建设、日常运作等纳入培训内容。其次要提升专业服务能力。相关部门要推动管理、服务资源下沉，指导街道（乡镇）和城乡社区党组织、村（居）民委员会落实责任，提升社区社会组织专业服务能力，主要包括：提升社区社会组织协同应对自然灾害、事故灾难、公共卫生、社会安全等突发事件的水平；提升社区社会组织参与平安社区建设、和谐社区建设的能

力；提升社区社会组织参与提供健康、养老、育幼等社区服务的能力；支持社区社会组织开展文艺演出、体育竞赛等活动，增强社区文化建设阵地功能。

（四）出台优惠政策，加大扶持力度，为基层社会组织健康发展提供充足的外部支持

多数基层社会组织缺少运行及活动经费、没有固定的办公场所及活动设施，严重影响正常开展社会性服务活动，而其所提供的社会服务大多属于社会公益性服务，在一定程度上满足了城乡居民的生活需求。因此，结合政府职能转变，应该出台优惠政策，加大扶持力度，为基层社会组织发展提供充足的外部支持。在政府资助和社会捐赠的基础上，通过多方筹资设立社会组织发展专项基金，为基层社会组织发展提供长远的资金来源，并在办公场所、场地使用、设施配备等方面给予扶持和政策倾斜，以保障组织自身的生存和业务活动的正常开展，促进其健康快速发展。为了吸收和稳定更多的人才从事基层社会组织相关工作，政府部门应该积极探索城乡社区服务类社会组织从业人员的劳动保障、医疗保险、养老保险等社会保障新政策新措施，充分调动他们参与社区服务的积极性。

（五）转变政府职能，通过政府购买服务等加强对基层社会组织发展及协同参与农村基层社会治理进行有效扶持与监督管理

从政府与基层社会组织的关系来看，政府作为社会公共事务管理者，对基层社会组织负有培育发展与监督管理之责。因此，随着政府职能的不断转变，按照政社分开的原则，在提高基层社会组织能力的基础上，要寻求基层社会组织管理和服务社区公益事业的新途径。在条件成熟的时候，政府可以采用向基层社会组织购买部分服务提供给社区居民，如社区公益设施的管理和维修、社

区便民利民低偿服务和困难群体无偿服务等职能，具体可采用项目制、委托制等形式由基层社会组织来组织实施。同时，政府要建立健全科学合理的组织管理及项目运作评估机制，加强对基层社会组织开展项目活动的监督管理，同时，采取依法管理与激励措施，促使基层社会组织加强内部规范化管理，从而有效地促进基层社会组织的健康发展。

民政部《培育发展社区社会组织专项行动方案（2021—2023年）》指出要对社区社会组织加强政策扶持。推动建立多元化筹资机制，鼓励通过政府购买服务、公益创投、社会支持等多种渠道支持社区社会组织培育发展。健全政府购买社区服务机制，支持各地加大向社区社会组织购买社区服务的力度。鼓励街道（乡镇）为社区社会组织参与社区服务提供资源支持、项目对接等服务，鼓励城乡社区党组织和村（居）民委员会为当地优秀人才领办社区社会组织提供必要支持。各地可结合实际情况探索多种形式设立工作基金，支持社区社会组织发展。

第七章

新时代乡村治理的创新与发展

一、新时代乡村治理的创新与实践

自21世纪以来，农村的经济社会状况发生了较大的变化，乡村治理面临着新的问题，需要从自治、法治、德治“三治融合”的角度出发来构建新的乡村治理体系。在新的社会背景下，农村人口大量外流，很多村庄的“空心化”和“老龄化”现象日趋严重，使得农民主体性在乡村治理过程中难以得到有效保障。面对如此紧迫的农村社会问题，乡村治理的主体需要变得更加多元化，通过多方面主体的共同努力来构建新型多元共治的乡村社会治理体系。

在新的历史阶段，乡村治理进入新的阶段，需要建立乡村治理的新体系，以便更好地理解新时代乡村治理体系建设的内涵。一是，从乡村治理体系现代化的过程来看，新时代乡村治理体系需要服从并服务于国家经济社会的发展，能够与整体的经济建设及政治建设相协调，以此来推进农村经济社会正常、有序的发展。二是，从乡村治理体系的建设目标来看，新时代乡村治理体系的构建必须结合当前我国人民日益增长的美好生活需要和不平衡不充分发展之间的矛盾，以及当前城乡二元结构下乡村发展面临的诸多困境，乡村治理力量较为单一和治理体系相对薄弱等问题，为了更好地推进乡村治理体系和治理能力的现代化，从而尝试建立乡村治理新体系。

“三治融合”乡村治理体系的构建，强化了村民自治在乡村治理过程中的作用。2016年，中央一号文件提出，加强农村法治建设，依法开展村民自治实践，探索村党组织领导的村民自治有效实现形式，深化农村社区建设试点工作，完善多元共治的农村社区治理结构；同时，进一步发挥好村规民约在乡村治理中的积极作用。随着乡村治理现实问题不断复杂化、综合化与多样化，以自治、法治、德治为核心的“三治融合”乡村治理模式越来越成为促进城乡融合、乡村振兴的重要行动基础。党的十九大明确提出，加强农村基层基础工作，健全自治、法治、德治相结合的乡村治理体系。村民自治是中国农民的伟大创举，乡村法治是现代文明的基本标志，乡村德治是中国乡村社会的历史传统。新时代乡村治理既要接纳现代文明，又要尊重农民选择，还要实现具有现代价值的传统乡村治理资源的现代性转化，三者融合是实现乡村治理有效的必然要求。可见，从乡村治理体系的历史发展过程来分析，“三治融合”治理体系的提出是新时代乡村经济社会发展的必然要求。乡村治理体系建设必须融入国家治理体系和治理能力现代化的框架中去，充分实现乡村治理体系和治理能力的现代化。

（一）农村基层党建的加强

构建“三治融合”的乡村治理体系，首先需要重视和加强基层党建工作的开展。党的十九大报告指出，新时代党的建设总要求为改进与深化基层党建工作指明了方向。基层党建工作的推进是党在农村开展各项工作的组织保障，是解决“三农”问题、推进乡村治理、走向共同富裕的前提条件，也是新时代落实党建总要求的一个重要维度与方面。

1.提高党员干部的思想站位，塑造整体性的思维格局

新时代农村基层党建工作需要与时俱进，适应时代发展的要求，结合农村社会的实际情况，不断创新开展工作。这对农村基层党员提出了一系列新的要求。第一，要树立城乡融合的党建意识。在城乡融合的政策背景下，农村基

层党员必须改变以往看待问题、分析问题的思路，注重在农村基层党建工作中把促进城乡融合发展作为重要的发展目标，树立城乡融合的党建意识，凝聚共识，共同努力来推进基层党建工作。第二，要破除党员领导干部的认识误区。通过开展各类专业培训、实地参观、专家讲座等方式来有效提升农村基层党员的服务意识和水平，切实改变以往部分农村基层党员的认识误区，开拓党员自身的思维，有效改善农村党员在农村基层治理服务工作中的行为方式。第三，要加强农村基层党建的交流机制建设。针对目前农村基层党建活动比较单一和党员之间的交流互动不足等问题，需要进一步强化农村党员的交流机制和党员活动的丰富性。建立一些跨村庄、跨区域的党员交流沟通机制，有助于促进农村基层党员不断开阔视野与增长见识，逐步提高自身的思想站位，树立起系统性、整体性的思维格局。

2.加强农村基层组织队伍建设，激发组织的内生动力

基层党组织队伍的建设是推进农村基层党建工作的核心。农村基层党组织是促进乡村治理体系现代化的重要支持力量。基于当前农村基层党组织的建设情况，需要从多方面入手来摆脱农村基层党组织发展面临的困境。第一，要创新流动党员管理机制，建立联系机制。由于当前农村人口的流动性较强，大部分党员并没有长期生活在农村，造成了流动党员较多的现实状况。需要针对此类情况，在党支部下设流动党员联络小组，实行党员联系制度，确保能追踪到每一个党员，加强流动党员的日常管理。第二，要强化党员队伍建设，培养优秀的后备党员干部。一方面，需要对现有的党员干部加强支持力度，从物质上和组织上重视党员干部的培养，增强党员自身的责任心和工作能力。另一方面，挖掘农村优秀的后备党员干部，从返乡大学生、自主创业青年等年轻群体中选取培养对象，加大扶持力度，重视年轻党员的培训和选拔，进一步增强农村基层党组织的核心党员力量。

3.加强党员的日常教育管理，提高政治素养

加强党员的日常教育管理，是农村基层党组织的基础性与根本性任务。《中国共产党党员教育管理工作条例》的出台是加强新时代党员教育管理的重要手段，体现了党员教育管理的实效性。第一，要形成农村基层党员的教育培训机制，不断提高党员的综合素质。依托当前各类数字、网络技术，通过手机客户端、微信公众号等终端来建立网络党校，开设网络课堂，通过各类党员课程的学习来强化党员教育管理。第二，要充分利用村庄的各类资源来加强党员的日常教育管理。通过党员活动日、政府培训活动等来增强农村党员学习的能力，并利用现场参观和实地学习等方式来开阔党员的视野，提高党员的综合能力。第三，要利用各类社会资源来强化党员的日常教育，提高党员的自身引导力。通过市场、社会组织等外部资源来强化农村基层党员的日常培训，进一步提高党员自身在农村社会中的引导力。

4.健全农村基层党建工作制度机制，加强法治保障

农村基层党建工作需要依靠党建工作机制的创新。首先，要进一步健全已有的运行机制。建立完善综合协调制度，通过协调指导委员会、党政联席会、党支部会议等渠道来收集与反馈党组织和党员的意见，促进党组织信息畅通。其次，健全服务机制。农村基层党员需要端正完成工作的态度，切实为群众利益着想，打造各类服务型基层党组织。通过各种创新模式来壮大农村集体经济实力，强化基层党组织为群众办实事的经济能力。运用协调机制为农民提供各类经济增收的机会，主动帮助农民克服生产生活方面的困难。最后，健全保障机制。通过制度化的方式来加强财政投入，加强农村基础活动设施改造升级，提高农村活动场所的建设水平和服务能力。对离任村党组织的干部予以一定的经济补贴，并适时提高在任村干部的工资水平，激发工作热情。建立健全农村基层党员干部日常管理与考核制度，以法治化方式来监督农村党员干部的日常工作。

（二）村民自治实践的深化

党的十九大报告提出了乡村振兴战略，确立了“产业兴旺、乡风文明、治理有效、生态宜居、生活富裕”的总要求。其中，实现治理有效的目标需要建立健全乡村治理体系，而村民自治是乡村治理中最核心的部分，也体现了乡村治理能力和治理水平。随着改革开放和市场经济制度的实行，农村经济社会早已发生了天翻地覆的改变，村民自治方式也有了巨大的转变。如何在新时代强化村民自治，推进乡村治理之“善治”，越来越成为当前乡村治理的核心内容。

1.完善村民自治制度

新时代乡村社会结构发生了跨越式的转变，新型农村社区出现了很多新的情况，推动村民自治从传统农村社会向新型农村社区转变，以此来适应各类新情况与应对新问题。在当前阶段，首先必须强调建立与现代农村社会相适应的村民自治制度，突出农民作为村庄主体在乡村治理过程中的作用。面对当前农村社会内部矛盾与冲突多元化的问题，需要利用制度化的手段来予以规范与调整，进一步提高村民应对各类问题与困难的自治能力。在村庄内部创建“四议两公开一监督”的工作机制，尝试探索推行民选、民议、民建、民管的村级公益项目建设新模式。进一步加强村民委员会的组织和建设，建立健全村务公开、民主管理、民主监督等制度，维护村民的合法权益。健全村党组织领导的村民自治机制，建立健全不合格村民委员会成员退出机制，实行竞争上岗制度，推行村民委员会主任上岗承诺制，对不履行承诺的人员及时进行劝退。充分发挥群众的积极性和创造性，积极引导村民共同参与讨论、修订和遵守村规民约、院坝公约，形成依法立约、以约治村的良好格局，把党的主张转化为群众的自觉行动。健全民主协商机制，拓展群众参与基层治理的渠道，推行民主恳谈会、民主听证会、民主议事会和民情沟通日等制度。健全协同共建共治共享机制，鼓励和引导农村社会组织参与基层治理。培育和完善村级集体经济组织，切实解决农村集体资产经营管理主体缺位问题，增强农村集体经济组织服务功能。

2.推进政府管理与村民自治之间的平衡

已有的《中华人民共和国村民委员会组织法》对乡镇政府与村委会之间关系的规定相对模糊，造成乡镇政府对村民自治或者过度干预，或者干预太少，容易出现村民自治的“过度自治化”或者“附属行政化”等问题。因此，平衡政府管理与村民自治之间的关系在当前乡村治理体系建设中是一个至关重要的方面。有必要通过一些法治手段来进一步明确乡镇政府和村委会各自的职权范围，利用法律制度来有效调整两者的关系，使得双方能够比较清楚各自的权力边界。明确两者各自的事务范围，对于一些上级政府安排的需要完成的政务性事务，主要通过乡镇政府来组织实施，而村庄内部的一些村务则可以以村民自治组织为主来进行管理。推动县级、乡镇政府切实转变职能，完善社区服务站，推进服务型政府建设。厘清基层政府及其派出机构与农村自治组织之间的职责，减少自治组织的行政性事务，减轻农村干部与工作人员的行政性事务负担。以县（区）为单位，分类建立乡村公共服务准入制度。充分发挥农村自治组织的功能与作用，在法治的框架内进行有效、合理的自治管理，提高农民自我管理的积极性与主动性。

3.建立“三社联动”机制

建设现代乡村治理体系，必须建立以农村社区为平台、以社会组织为载体、以社会工作专业人才为支撑的“三社联动”工作机制。发挥社会组织动员村民参与社会治安、综合治理等活动，并协助基层政府及其派出机构做好劳动就业、社会救助、公共卫生、消费维权等工作的作用。促使农村的各类社会组织成为协助政府开展公共事务的主要承接者、组织村民参与社区事务的有力推动者。利用社会组织力量来促进村庄内部集体行动力量的形成，使其成为联系、协调与激发村民参与各类村庄公共事务的核心影响力量。为农村社区培养和引进各类社会工作专业人才，推动农村社会工作专业人才的使用，建立符合农村社区社会工作人才职业水平的评价和补贴机制。利用各类专业的社会工作人才来加强乡村村民自治力量，实现每一个村都有一名专业的社会工作人员来协助乡村治理日常事务。此外，还可发动农村传统群团组织协同参与村民自治，通过有效的调整，使得各类传统群团组织能够结合现代农村社会的实际情况发挥效用，丰富村民自治的作用方式。

（三）农村法治水平的提高

新时代乡村治理体系的构建需要提高农村社会的法治化水平，利用法治化的建构路径来推进农村各项公共事务的开展。农村法治建设，并不仅仅就是法律体系的设立，而是需要在已经制定的法律制度基础上，形成人人懂法、人人守法的良好局面，促进农村法治的良性运行。

1.完善农村法治建设的制度体系

农村法治建设需要建立在完善的法律制度体系之上。拥有健全的农村法治建设的制度环境，才能够促进农村法治建设不断完善。从农村社会的现状来分析，首先需要建立民生、教育、医疗、权益保障等方面的法律制度，以此保障农民的各项基本权益。加强农村法治建设的制度保障，有助于促进广大农民积极参与到乡村治理和乡村建设的各项工作中去，不断提高乡村法治建设的整体水平。同时，政府在农村法治建设过程中需要发挥重要的引导作用，把农村法治建设作为保障农民各项权益的重要基础。面对当前农民司法救济途径少、救济成本高、诉讼难度大等问题，需要进一步加大农村法律制度的建设力度，通过构建合理的司法救济组织框架来完善农村社会法治救济方式，提高农民自身的法制利用能力。

2.培育农民参与乡村治理的法治意识

农村法治建设的前提之一是农民能够树立相应的法律意识，形成良好的法治意识氛围，为农村整体的法治环境提供相应的意识支撑。农民法治意识培育是农村法治建设得以顺利开展的关键环节，影响着农村整体法治水平的高低。要加强对农民法律意识的培育，实施乡村“法律明白人”培育工程，提高农民尊法守法、学法用法和依法办事、依法维权的法治意识。加强集中式农民法律知识培训，通过夜校、座谈会、巡回法庭等形式丰富农民的法律知识，提高农民的法治意识水平。加强对村庄内部典型法律人物的宣传，利用榜样的影响力带动农民主动去学法、尊法与守法。此外，可利用一些奖励性制度来推进农民法治意识的提高，结合农村社会实际情况和村集体经济实力来建立一些具有长效性的法治宣传活动参与奖励机制，促使农民积极主动地参与各类法治实践活动，提高自身的法治意识。

3.完善农民维权的法治权益保障制度

当前农村社会变得越来越复杂，日常生产生活中各类矛盾和冲突不断增加，农民保障自身合法的权益需要法律制度的支持。从当前农民维权的手段和方式来看，大部分农民依然无法较好地利用法律手段来保障自身和家人的合法权益，归根结底就是当前农村法律制度建设仍然不够完善，农村法治力量仍然不足，甚至远低于城市社区的法治力量，无法有效帮助农民进行维权。面对此类问题，需要在农村社会建立长效、有效的法治保障力量，例如，公益律师制度、人民调解机制等，以此来帮助农民在遇到问题时可以获得低成本的法律援助。充分发挥人民调解委员会等组织的“第一道防线”功能，加强对农村各类矛盾纠纷的调解与处理，努力把问题化解在基层，切实做到小纠纷不出组，大纠纷不出村（社区），重大纠纷不出乡镇（街道）。

4.创建现代法治平安乡村

为进一步提高农村法治建设水平，需要利用各类法律制度来推进现代法治平安乡村建设。完善村规民约，全力推进“民主法治示范村”创建。加强农村网格化管理体系建设，建立以专职网格员、兼职网格员、公安驻村辅警、平安志愿者、“红袖章”等人员为主体的网格化管理体系。加快推进“雪亮工程”建设，充分应用科技信息手段，不断强化“人、事、物、场所”全要素掌控，将综治工作触角延伸到乡村社会各个角落，力争覆盖面达到100%。大力开展扫黑除恶专项斗争，整治农村赌博违法犯罪，打击操纵、经营“黄赌毒”等违法犯罪活动的黑恶势力。深入开展专项整治工作，严肃查处、及时通报一批负面典型。严厉打击通过“霸选”“骗选”“贿选”等方式干扰农村基层选举的家族宗族恶势力、非法宗教势力和各类乡霸、村霸、街霸。严格执行整治“微腐败”规定，创新监督方式，重点开展自上而下精准巡访、监督检查，实施农村集体财务审计工作。整合监督力量，为农村配备联系纪检监察干部，聘请廉情监督员。建立“组财村管”制度，推行组务公开。加强农村干部管理，对典型案件实行案发地警示教育制度，严格非党员村干部履职管理，坚决整治基层不正之风和腐败问题。进一步完善农村安全生产机制，全面加强安全生产工作，提高事故灾害应对处置能力。

（四）农村德治体系的建设

从乡村振兴的视域来分析，乡村治理体系和治理能力现代化迫切需要伦理道德支持与引领。从历史的角度来看，传统农村社会是一个“熟人社会”，内部形成了相应的道德体系，能够对村庄内的农民形成相应的道德规范与行为约束。在现代农村社会，虽然外部经济社会状况发生了较大的变化，但传统农村社会的道德影响力依然存在，可以作为新时代乡村德治的“历史之根”。可通过将传统道德文化与现代农村道德规范有机结合，形成适合现代农村社会的德治力量，促进乡村治理过程中自治、法治、德治“三治融合”局面的形成。

1.充分发挥乡贤参事会在乡村治理中的创新实践效应

在传统农村社会，乡村治理主要依靠乡绅阶层利用个人威望、能力和财富来控制和维持农村社会的日常秩序。传统社会的乡绅在农村发挥着“双重角色”的作用，一方面，乡绅作为农村社会的地方精英，能够与地方政府形成紧密的联系，可以作为农村社会的“代言人”；另一方面，乡绅在农村社会中也承担着“当家人”的角色，可以维持良好的乡村秩序，化解村民间的矛盾纠纷，参与农村公共事务治理等。到了新时代，农村社会中的乡贤则是多元化的，在乡村治理过程中也发挥着更多样的功能。首先，现代乡贤往往是在某一方面具有突出的成绩，能够不断地改善农村经济社会状况，尤其是在道德层面处在较高的层次。乡贤可以利用自己的道德威望来影响村庄中的其他村民，利用道德教化的手段来纠正村民不合理的言行，促使村庄整体的道德水平得以提高。其次，乡贤参事会作为一个社会组织，在乡村治理过程中发挥着重要的道德调控作用。乡贤参事会能够协同参与构建乡村治理的内生性秩序，提升乡村公共产品的供给能力，缓解农村社会治理中各类矛盾。乡贤参事会的人员是来自各行各业的精英，具有广阔的社会视野，能够利用各自的社会资源来促进乡村社会治理体系建设，推动形成良好的乡村社会秩序。乡贤参事会通过乡贤利用自身在农村社会中的个人威望来影响村民，并通过乡贤参事会的平台来形成乡贤之间的有效合作，更好地协助村干部应对农村社会各类矛盾纠纷。

2.逐步提高农民的道德意识

农村社会在现代化过程中发生了较大的变化，农民的思想因受到现代化影响，也有了较大的改变。在此过程中，农村社会的各类日常矛盾、纠纷问题相应有所增加，在一定程度上影响了农村社会正常、稳定的社会秩序。为进一步提高村民的道德意识，需要通过道德讲堂、市民学校、新“四礼”的宣传与教育，弘扬公序良俗，创新和发展乡贤文化，形成健康向上、开放包容、创新进取的乡村社会风尚。整合应急广播站、农家书屋、科学知识普及站、体育健身场所等设施，加快推进幸福美丽新村、“四好村”建设，提高农村文化建设水平。广泛开展“新家园、新生活、新风尚”活动和“五好家庭”、星级文明户、文明集市等创建活动，加强外出务工和外来务工人员文明礼仪、道德素养等培训。全面推进乡村诚信文化建设，不断完善农村信用评价体系，积极推进特色农村信用体系工程建设，共铸“信用村”良好氛围。构建现代农村道德网络，完善农村道德评价体系，积极组织开展群众性道德文化活动，满足农民日益增长的道德文化需求。加强现代礼仪教育，培育讲文明、讲卫生、讲科学、树新风的行为文化。重视乡规民约在乡村治理过程中的道德调节作用，利用乡规民约来约束和影响村民的社会行为以维持乡村生活的正常秩序。在新的历史阶段，乡村的传统文化和乡规民约随着整个社会的变化而与时俱进，相应作出改变，才能够形成与现代农村社会相符合的村庄道德体系。

3.不断推进农村移风易俗

近些年来，农村的传统风俗习惯发生了翻天覆地的变化，尤其是随着部分农民在改革开放和市场经济浪潮的影响下改变了原来农村生产生活的习惯，“天价彩礼”、大摆酒席、铺张浪费等社会现象有所增加。究其根本原因就是当前农村社会的风气发生了较大转变，一些传统优良乡村风俗习惯被抛弃，功利化行为习惯有所抬头。各种不良社会风气不仅容易使得当前农村社会整体的社会风气受到影响，还有可能会对农民日常的生产生活习惯造成一系列的负面效应，原有的农村社会关系、情感交流等被异化。为了改变不良的农村社会风气，需要政府、村干部、社会组织和村民等多方主体共同行动来予以应对。加强宣扬诚实守信、勤俭节约、尊老爱幼、家庭和睦、忠孝仁义、礼义廉耻的家风。强化舆论引导，充分发挥新媒体作用，深入挖掘、树立和宣传家庭道德文明建设典型。组织举办有影响力的群众性家庭道德评选活动、“好家风好家训”宣传活动等，使家庭家风建设工作深入到千家万户，引导广大农民接受教育、启迪心灵。丰富活动载体，以“家庭家风”建设作为精神文明建设工作的有力抓手，深入开展有针对性的活动。推动家庭家风建设与各类农村特色家庭创建、主题道德教育工作相结合，用好家风带动好民风村风。推进移风易俗，用好家风来纠正农村红白事等活动大操大办之风，改变农村赌博等恶习。拓展活动领域，将家庭家风建设与农村非物质文化遗产保护、孤弱老人关爱、妇女素养提升等深度融合。

4.促进传统道德文化与现代文化的融合

习近平总书记指出，我们要善于把弘扬优秀传统文化和发展现实文化有机统一起来，紧密结合起来，在继承中发展，在发展中继承。中国拥有历史悠久的优良传统文化，这对于国家治理具有重要意义和价值，通过优秀传统文化的渗透有助于实现良好的社会治理。为进一步推进乡村社会治理体系的建设，有必要推进乡村传统文化和现代文化有机融合，在实现传统文化传承和调适的同时，更好地实现现代农村社会中德治力量作用的发挥。从传统农村社会道德影响效应来分析，农村社会内部的村民关系和公共事务开展都需要依赖社会道德来进行调节和发挥效用。村庄内部成员从小就接受村庄规范的影响与内化，久而久之就形成了符合整个村庄社会道德要求的日常行为。因此，为了更好地在现代农村社会中建立起符合村庄特点的现代道德文化，需要有效地将优秀传统文化和现代文化进行有机融合，构筑符合时代发展要求的乡村德治力量。首先，从现代文化中去寻找与优秀传统道德文化的相似之处，找到两者的共通点。通过对优秀传统文化的深入剖析，找到与现代文化的共通点，以此来传承和调适优秀传统文化，让村民能够比较自然、有序地接受现代道德文化，并利用这些现代道德文化来改进村民的日常生产生活行为，提高村庄的整体德治水平。其次，优秀传统道德文化与现代文化对乡村治理将会产生互补的效果。虽然传统道德文化和现代文化两者具有一些共通之处，但不同的文化在乡村治理过程中能够发挥出互补效应，以此来进一步丰富乡村治理的德治手段。在乡村治理的德治方面，无论是优秀传统文化还是现代文化，都可以通过文化的内化影响来改变村民的不道德行为。最后，文化相融的治理方式将有助于创新乡村治理的德治手段。文化变迁并不是被动适应的过程，同样可以主动影响。在乡村治理体系构建过程中，优秀传统文化和现代文化通过相互融合，可以产生一些新的变化，创新已有的乡村德治方式。通过一些新的道德文化要素创建新的乡村德治机制，让村民日常的生产生活行为发生改变，以此来适应新时代乡村治理的内在要求，并形成良好的农村社会道德风气。

二、新时代乡村治理的挑战与展望

（一）乡村治理面临的挑战

乡村治理必然受社会整体发展状况以及社会治理整体发展的影响，同时涉及乡村公共事务的方方面面，关乎村民、社会组织等各个主体。虽然不同地区在乡村治理中都多有探索和创新，但整体上我国乡村治理还存在较为共性的挑战和问题。

1.村庄环境变化带来治理挑战

乡村社会是一个复杂的社会单元，而且在我国社会发展进程中被赋予了独特的价值、意义以及使命。这意味着乡村治理也必然是一项复杂的系统工程。就具体内容来看，虽然绝对贫困已基本消除，但乡村还面临着脱贫巩固和相对贫困治理的难题。在后扶贫时代，经济社会发展过程中呈现出的新矛盾与脱贫后的高返贫风险依然存在，贫困治理面临不同形式、不同特征、不同程度的困境和挑战。2021年，中央一号文件作出全面推进乡村振兴的战略部署，我国进入全面推进乡村振兴的发展阶段。乡村振兴基本上统筹了乡村治理方方面面，但就目前乡村的发展基础来看，乡村振兴建设面临着诸多挑战。一方面，农民贫困风险成为实现乡村振兴的挑战之一，另一方面，实现乡村振兴，必须要考虑农村空心化治理和社区建设问题，即要考虑和解决农村经济发展迟滞、社会建设受阻、资源浪费严重和乡土文化衰落的困境与挑战。

2.组织自身力量薄弱，不能更好地满足乡村治理需求

就乡村治理内部的组织力量来说，基层党组织力量薄弱，治理方法较为单一，治理目标不明确，部分地区群众乡村治理参与度低，乡村治理难度不断加大。同时，乡村治理具体内容中也存在着诸多挑战。例如从社会组织参与乡村治理这一方面来看，除了社会组织自身的挑战之外，它还受制于角色定位、制度供给、可利用资源和自身行动力等因素，存在作用发挥不充分的挑战。此外，部分地方的乡村还面临着特殊的治理挑战。例如有研究指出部分地区农村政治生活存在“再部落化”的现象，宗族自然村在村委会选举和政治运行上高度对立，引起了乡村社会的进一步分裂；同时，这种分裂和对立也导致了乡村信任半径的收缩，给乡村治理带来一定挑战。

3.治理数字化给乡村治理主体带来挑战

2018年中央一号文件首次提出“实施数字乡村战略”。2019年5月，中共中央办公厅、国务院办公厅印发《数字乡村发展战略纲要》，明确建设数字乡村是实现乡村振兴和数字中国的重要内容。此后，乡村地区开展了一系列数字乡村试点工作。同时，数字乡村的发展也促使乡村治理方式向数字化转变。换言之，治理方式数字化，即通过信息化手段感知农村社会态势、畅通沟通渠道、辅助科学决策，加强农村资产、资源、生态、治安等领域的精准管理，实现乡村治理的精准化。相比较传统的治理方式，治理数字化是对乡村治理方式的巨大转变和创新。乡村治理数字化是一种趋势。虽然数字化无疑能改进乡村治理，提升乡村治理效率，但也存在一定的治理问题和治理风险。例如农村基础设施建设薄弱与人员普遍专业技能不高的技术性挑战，基层风险避责与形象工程掣肘的结构性挑战，以及村民话语孱弱与恶意举报等阻力的挑战等。

4.乡村治理村民参与度低，难以形成真正的乡村自治机制

从当前的乡村治理过程来分析，村民参与乡村公共事务治理的意愿比较低，严重阻碍了乡村治理体系现代化的进程。一方面，村庄组织能力不足，导致村“两委”、妇联、村民小组以及其他社会组织难以有效组织村民参与村庄公共事务治理。另一方面，随着现代经济社会对农村社会的渗透，村民个体原子化程度不断提高，经济理性思维成为个体行动的主要依据。所以，在这两方面的影响下，当前乡村治理中村民的参与率总体不高，甚至个别地区存在村民开会或参加村庄公共活动要求发误工费的状况。广大村民是乡村治理的主体，必须发挥村民的主体性作用，才能有效推进农村公共事务治理，实现乡村治理体系现代化。因此，随着乡村经济社会的不断发展，如果无法促进村民积极参与乡村治理，形成符合乡村社会实际的自治机制，势必会影响现代乡村治理机制的建设和乡村振兴战略的实施。

5.乡村治理主体和治理对象的高度变动性，造成乡村治理更加复杂化

乡村是一个不断变化的社会，造成乡村治理主体和治理对象具有高度变动性。在现代化的浪潮下，传统的乡村共同体早已被解构或“撕裂”，乡村生产生活之间已经“断裂”，大量的农民流入到城市打工谋生，乡村“空心化”已成为不争的事实。一是，传统乡村的“熟人社会”已经不复存在，现代农村已经变为“半熟人社会”。村民之间传统紧密的社会关系越来越被各种经济利益关系所取代。二是，随着大量农民进入城市打工谋生，乡村治理的对象变得更加具有变动性。农民进城务工造成乡村治理对象长期不在乡村，而农民的户籍又保留在农村，致使乡村治理主体和治理对象存在长期“缺位”的问题。三是，乡村治理的治理主体和治理对象变得更加复杂多样。在城市化进程中，不少农民进城工作和生活，个体思维也出现了变化，乡村社会随之出现阶层化。农民群体思维方式的转变，致使乡村治理主体和治理对象在乡村治理过程中出现更加复杂、多样与多变的状况，这给乡村治理能力现代化带来不小的压力。

（二）乡村治理的未来展望

围绕着乡村治理能力与治理体系现代化的要求以及当前乡村治理所面临的困境，展望未来，可以从以下几个方面入手，健全现代乡村治理体系。

首先，需要加强农村基层党组织对乡村治理的全面领导。以乡村基层党组织建设为主线，突出政治功能，提升组织力，把农村基层党组织建成宣传党的主张、贯彻党的决定、领导基层治理、团结动员群众、推动改革发展的坚强战斗堡垒。以党组织为核心的组织体系是乡村治理的核心，需要推进村党组织书记通过法定程序担任村民委员会主任和集体经济组织、农民合作组织负责人，进一步增强乡村治理现代化过程中的组织力量。不断优化提升村党组织带头人能力，加强从致富能手、外出务工经商人员、本土大学生、退伍军人中选拔优秀人才，不断提升乡村治理能力。加强乡村党员教育、管理、监督，推进党员教育常态化，着力提高乡村治理队伍的整体素质与实力，进一步促进乡村治理体系现代化。

其次，需要不断促进自治、法治、德治有机结合。坚持自治为基、法治为本、德治为先，健全和创新村党组织领导的充满活力的村民自治机制，强化法律权威地位，以德治滋养法治、涵养自治，让德治贯穿乡村治理全过程。深化村民自治实践，加强乡村社会内部各类自治组织的建设，推进村庄民主协商进程，规范各类自治组织的选举办法。建立健全村庄事务的监督机制，强化村务监督委员会的效用。发挥自治章程、村规民约在乡村基层治理中的重要功能，弘扬公序良俗，实现乡村善治的目标。加强乡村法治建设，深入开展“送法下乡”宣传教育活动，善于利用各种数字化、智能化技术手段进行宣传，着力提高农民法治素养。建立健全农村法律服务体系，加强对农民的法律援助、司法救助和公益法律服务。提升乡村德治水平，充分发挥新乡贤、党员、村民代表等地方精英在德治建设中的榜样作用，常态化开展学习优秀道德人物活动。推进乡村社会移风易俗，设立优良家训家规，遏制大操大办、相互攀比、天价彩礼等陋习，树立勤俭节约的道德观念。

最后，需要不断提升乡村治理手段的数字化、智能化与信息化水平。提升乡村基层党建数字化水平，不断完善基层党建信息平台，优化升级全国党员干部现代远程教育网络。加快升级乡村电子政务服务，加快建成国家数据共享交换平台体系,开通包括农产品价格监测、种子生产经营等数据服务接口。优化整合涉农行政审批系统，提供证照信息采集功能以及各类服务子项。积极推进乡村“雪亮工程”建设，并逐步推动在乡村社会治理、农村养老、生态保护、精准扶贫等领域的应用。不断提高村务管理透明度，推动村务、财务网上公开，打通政府密切联系群众的“最后一公里”。强化乡村资产管理数字化，推进乡村集体资产平台建设，建立健全乡村资产、宅基地、耕地等资源数据库。

参考文献

[1] [美]戴维·伊斯顿.压力下的政治系统［C］//杰伊·沙夫里茨等.公共政策经典.彭云望译，北京：北京大学出版社，2008：10–12.

[2] Qu, F.T., Heerink, N., Wang, W.M. Land administration reform in China: Its impact on land allocation and economic development[J]. Land Use Policy, 1995, 12(3): 193–203.

[3]曹海军，曹志立.新时代村级党建引领乡村治理的实践逻辑[J].探索，2020(1)：109–120.

[4]慈溪市政府网.2020年慈溪市国民经济和社会发展统计公报[EB/OL].（2021–02–01）[2021–07–26]. http://www.cixi.gov.cn/art/2021/2/1/art_1229431642_3701913.html.

[5]陈军亚.农村基层组织“一肩挑”的制度优势与现实障碍[J].人民论坛，2019(11)：99–101.

[6]陈怡俊，黄海峰.基于整体性治理的农村公共服务供给机制研究：以社会影响力债券为例[J].农村经济，2020(1)：62–70.

[7]丛树海.公共支出分析[M].上海：上海财经大学出版社，1999：286.

[8]崔盼盼.乡村文化振兴的主体再造与路径创新：以“赣南新妇女”运动为例[J].湖北民族大学学报(哲学社会科学版)，2021,39(03)：101–110.

[9]党国英. 论取消农业税背景下的乡村治理[J]. 税务研究，2005（6）：3–6.

[10]党秀云，马子博.我国城乡基本公共服务均等化的制度困境及改革路径[J].西北大学学报（哲学社会科学版），2013（6）：154–159.

[11]邓大才.小农政治：社会化小农与乡村治理；小农社会化对乡村治理的冲击与治理转型[M].北京：中国社会科学出版社，2013：2，123-133，236-244，298.

[12]丁志刚,王杰.中国乡村治理70年:历史演进与逻辑理路[J].中国农村观察，2019(04)：18-34.

[13]丁志刚.如何理解国家治理与国家治理体系[J].学术界，2014(02)：65-72，307.

[14]丁忠毅.中国基本公共服务均等化与社会转型[M].北京：中国社会科学出版社，2019：126-136.

[15]董江爱."两票制"、"两推一选"与"一肩挑"的创新性：农村基层党组织执政能力建设的机制创新[J].社会主义研究，2007(06)：73-76.

[16]董敬畏.村级组织负责人"一肩挑"制度面临的挑战及对策[J].中州学刊，2020(09)：6-12.

[17]杜姣.村级组织建设路径的地区差异研究：以珠三角地区、中西部地区村庄为经验基础[J].中国行政管理，2020(4)：109-116.

[18]范方志，王晓彦.中国农村基本公共服务供给效率的评价研究[J].宁夏社会科学，2020(5)：83-91.

[19]费孝通.乡土中国 生育制度[M].北京:北京大学出版社，1998：27.

[20]冯书泉.构建和谐社会必须关注弱势群体[J].人民论坛，2005(02)：41-43.

[21]傅才武，刘倩.农村公共文化服务供需失衡背后的体制溯源：以文化惠民工程为中心的调查[J].山东大学学报（哲学社会科学版），2020(1)：47-59.

[22]高端阳，李睿.乡村治理的变迁、问题与解决路径[J].农业经济，2021(06):31-33.

[23]桂华.面对社会重组的乡村治理现代化[J].政治学研究，2018(5)：2-5.

[24]国家统计局.2009年农民工监测调查报告[EB/OL].（2010-03-19）[2021-07-21]. http://www.stats.gov.cn/ztjc/ztfx/fxbg/201003/t20100319_16135.html.

[25]国家统计局.2019年农民工监测调查报告[EB/OL].（2020-04-30）[2021-07-21]. http://www.stats.gov.cn/tjsj/zxfb/202004/t20200430_1742724.html.

[26]国家统计局.第七次全国人口普查公报（第七号）[EB/OL].（2021-05-11）[2021-07-21]. http://www.stats.gov.cn/ztjc/zdtjgz/zgrkpc/dqcrkpc/ggl/202105/t20210519_1817700.html.

[27]国家统计局.中国统计年鉴2020[EB/OL].北京：中国统计出版社[2021-07-21]. http://www.stats.gov.cn/tjsj/ndsj/2020/indexch.htm.

[28]郭正林. 中国乡村的治理结构:历史与现实[C] //中山大学行政管理研究中心.公共管理研究（1）“公共管理研究与教育”国际学术研讨会论文集.广州：中山大学出版社，2001：276-289.

[29]韩小凤.从一元到多元:建国以来我国村级治理模式的变迁研究[J].中国行政管理，2014(03)：53-57.

[30]韩小威.中国农村基本公共服务供给的制度模式探析[M].北京：中国社会科学出版社，2012：75.

[31]何瑞文.网格化管理的实践困扰[J].苏州大学学报(哲学社会科学版)，2016，37(01)：16-22.

[32]贺雪峰.规则下乡与治理内卷化：农村基层治理的辩证法[J].社会科学，2019(4)：64-70.

[33]贺雪峰. 改革开放以来国家与农民关系的变迁[J]. 南京农业大学学报（社会科学版），2018，18(6)：11-16.

[34]贺雪峰.村级治理的变迁、困境与出路[J].思想战线，2020(4)：129-136.

[35]贺雪峰.村庄政治与善治[J].云南行政学院学报，2016(6)：4-8.

[36]贺雪峰.行政还是自治：村级治理向何处去[J].华中农业大学学报（社会科学版），2019(6)：1-5.

[37]侯宏伟，马培衢.“自治、法治、德治”三治融合体系下治理主体嵌入型共治机制的构建[J].华南师范大学学报(社会科学版)，2018(06)：141-146，191.

[38]胡鹏辉，高继波.新乡贤:内涵、作用与偏误规避[J].南京农业大学学报(社会科学版)，2017，17(01)：20–29，144–145.

[39]胡玉杰，李丽媛，彭徽.乡村治理现代化背景下我国农村公共产品供给机制的演变、经验及建议[J].生态经济，2020，36(10)：112–118.

[40]黄超威：社会治理创新的“慈溪样本”[N].慈溪日报，2011–12–30(1).

[41]黄宁莺，柯毅萍,赵豫生.参与式治理视角下的乡村网格化管理服务研究：以福建省长乐市梅花镇为例[J].东南学术，2013(05)：57–66.

[42]黄宗智. 长江三角洲小农家庭与乡村发展[M]. 北京：中华书局，2000:242.

[43]黄宗智.国家与村社的二元合一治理：华北与江南地区的百年回顾与展望[J].开放时代，2019(2)：20–35.

[44]黄宗智.民主主义与群众主义之间：中国民众与国家关系的历史回顾与前瞻愿想[J].文史哲，2021(2)：5–14.

[45]纪芳.社会基础与网格化治理绩效的差异化实践：基于苏州W区和北京P区两地的经验考察[J].中共福建省委党校（福建行政学院）学报，2020(4)：22–29.

[46]季乃礼，许晓.村级党建、社会整合与乡村振兴[J].西南民族大学学报（人文社会科学版），2020(3)：192–198.

[47]孔祥智，何安华.新中国成立60年来农民对国家建设的贡献分析[J].教学与研究，2009，4(9)：5–13.

[48]郄艳丽.乡村管理走向乡村治理[M].北京：中国建筑工业出版社，2017：111–113，141–142.

[49]邝良锋，罗昱夫.再部落化现象:乡村治理的新挑战：基于湖南H村的研究[J].理论与改革，2021(01)：85–95，153–154.

[50]赖扬恩.城镇化进程中推进城乡基本公共服务均等化研究[J].福建论坛（人文社会科学版），2014(6)：193–199.

[51]冷波.基层规范型治理的基础与运行机制：基于南京市W村的经验分析[J].南京农业大学学报（社会科学版），2018(4)：27–34.

[52]李华胤. 公共服务优先安排视域下农村基层治理体制的挑战与转型[J].四川师范大学学报（社会科学版），2020(1)：28–36.

[53]李文治，江太新. 中国宗法宗族制和族田义庄[M]. 北京：社会科学文献出版社，2000：71–223.

[54]李燕凌，高猛.农村公共服务高质量发展：结构视域、内在逻辑与现实进路[J].行政论坛，2021(1)：18–27.

[55]李勇华.农村基层社会管理创新与村民自治制度的内洽性研究[J].东南学术，2012(2)：68–79.

[56]李增元.农村基层治理单元的历史变迁及当代选择[J].华中师范大学学报(人文社会科学版)，2018，57(02)：31–42.

[57]林向阳.方城县袁店回族乡：成立联合党支部，共画同心圆齐心跟党走[EB/OL].（2020–11–06）[2021–7–14]. https://www.sohu.com/a/429964379_120441013.

[58]刘守英，王一鸽.从乡土中国到城乡中国：中国转型的乡村变迁视角[J].管理世界，2018(10)：128–146，232.

[59]刘守英，熊雪锋.中国乡村治理的制度与秩序演变：一个国家治理视角的回顾与评论[J].农业经济问题，2018(9)：10–23.

[60]刘书明. 论乡统筹费村提留制度的改革[J]. 财政研究，2000(3)：31–35.

[61]刘晓. 元代家族发展略论——以族谱、族田与祠堂为中心[J].中央民族大学学报（哲学社会科学版），2018，45(3)：80–88.

[62]刘雪姣.分配型协商民主的现实基础与运行逻辑：基于鄂中W村的实证调研[J].求实，2021(2)：21–36.

[63]刘永华.明中叶至民国时期华南地区的族田和乡村社会：以闽西四保为中心[J].中国经济史研究，2005(3)：52–60.

[64]刘悦伦.以基层党建引领基层社会治理：珠三角的探索与实践[J].理论视

野，2017(5)：67–70.

[65]楼夷程，李晓.各地推动领导干部建立基层党支部工作联系点：带着跑，提质效[N].中国组织人事报，2020–07–21(003).

[66]卢福营.“协同服务”:农村基层社会管理的创新模式：浙江省舟山市岱西镇调查[J].学习与探索，2012(01)：64–68.

[67]芦千文.“十四五”时期农业农村优先发展的重要意义、主要任务和措施选择：“十四五”规划与农业农村优先发展研讨会暨第十五届全国社科农经协作网络大会会议综述[J].中国农村经济，2020(1)：132–143.

[68]鲁可荣，金菁.从“失落”的村民自治迈向有效的协同共治：基于金华市乡村治理创新实践分析[J].广西民族大学学报（哲学社会科学版），2015(3)：57–66.

[69]吕德文.乡村治理70年:国家治理现代化的视角[J].南京农业大学学报(社会科学版),2019，19(04)：11–19，156.

[70]吕微，韩晋乐.基于农民满意度的农村公共服务评价体系研究：以山西省为例[J].中国行政管理，2014，349(7)：90–93.

[71]马池春，马华.中国乡村治理四十年变迁与经验[J].理论与改革，2018(6)：21–29.

[72]马华.村治实验:中国农村基层民主的发展样态及逻辑[J].中国社会科学，2018(5)：136–160.

[73]马克思恩格斯选集（第1卷）[M].北京：人民出版社，1995：71.

[74]马克思恩格斯选集（第4卷）[M].北京：人民出版社，1995：176–177.

[75]马丽，张国磊.“互联网+”乡村治理的耦合、挑战与优化[J].电子政务，2020(12)：31–39.

[76]毛泽东.建国以来毛泽东文稿（第10册）[M].北京：中央文献出版社，1996：416.

[77]民政部网站.1988年民政事业发展概况[EB/OL].（1989–04–04）[2021–

07-21]. http://www.mca.gov.cn/article/sj/tjgb/200801/200801150094329.shtml .

[78]民政部网站.2019 年民政事业发展统计公报[EB/OL].[2021-07-21]. http://images3.mca.gov.cn/www2017/file/202009/1601261242921.pdf.

[79]农村空巢、类空巢家庭老年人状况调查报告[A]. 江苏省老龄工作委员会办公室、江苏省老年学学会.江苏老龄问题研究论文选集[C].江苏省老年学学会，2010：8.

[80]农业农村部.2006年中央一号文件：中共中央 国务院关于推进社会主义新农村建设的若干意见[EB/OL].（2012-02-14）[2021-7-21] . http://www.moa.gov.cn/ztzl/yhwj/wjhg/201202/t20120214_2481239.htm.

[81]潘晓琴，岳梅.秀洲区潘家浜村“一事一议”财政奖补助推乡村蝶变[N]. 嘉兴日报，2021-06-14.

[82]邱泽奇. 乡镇企业改制与地方威权主义的终结[J]. 社会学研究，1999(3)：82-90.

[83]渠敬东，周飞舟，应星.从总体支配到技术治理：基于中国30年改革经验的社会学分析[J].中国社会科学，2009(6)：104-127.

[84]渠敬东. 占有、经营与治理：乡镇企业的三重分析概念（上）：重返经典社会科学研究的一项尝试[J]. 社会，2013，33(1)：1-35.

[85]渠敬东. 占有、经营与治理：乡镇企业的三重分析概念（下）：重返经典社会科学研究的一项尝试[J]. 社会，2013，33(2)：1-29.

[86]渠敬东.项目制：一种新的国家治理体制[J].中国社会科学，2012(5)：113-130.

[87]沈延生.村政的兴衰与重建[J].战略与管理，1998(06)：1-34.

[88]沈延生.中国乡治的回顾与展望[J].战略与管理，2003(01)：52-66.

[89]世界银行.改善农村公共服务[M].北京：中信出版社，2008：8-9，12-14，67，78，82.

[90]孙吉晶，谢敏军，诸挺.泗门镇“最多跑一次”改革向村级延伸[EB/OL].

（2020-08-27）[2021-7-14]. http://news.cnnb.com.cn/system/2020/08/27/030183101.shtml.

[91]孙立平，王汉生，王思斌，林彬，杨善华.改革以来中国社会结构的变迁[J].中国社会科学，1994(2)：47-62.

[92]谭卫华.市域社会治理现代化:新加坡的实践经验及其启迪意义[J].贵州社会科学，2020(11)：127-131.

[93]唐鸣，张昆.论农村村级组织负责人党政“一肩挑”[J].当代世界社会主义问题，2015(01)：3-26.

[94]陶勇.农村公共产品供给与农民负担[M].上海：上海财经大学出版社，2005：41.

[95]田孟.发挥民主的民生绩效：村级公共品供给的制度选择[J].中国农村经济，2019(7)：109-124.

[96]仝志辉,贺雪峰.村庄权力结构的三层分析：兼论选举后村级权力的合法性[J].中国社会科学，2002(01)：158-167，208-209.

[97]汪三贵,冯紫曦.脱贫攻坚与乡村振兴有机衔接:逻辑关系、内涵与重点内容[J].南京农业大学学报（社会科学版），2019，19(05)：8-14，154.

[98]王春光.迈向多元自主的乡村治理 社会结构转变带来的村治新问题及其化解[J].人民论坛，2015(14)：11-13.

[99]王春光. 农村基层社会现代化变迁危机[J].人民论坛，2013(24)：58-59.

[100]王景新. 村域集体经济：历史变迁与现实发展[M]. 北京：中国社会科学出版社，2013：46-65.

[101]王瑞芳. 没收族田与封建宗族制度的解体[J]. 江海学刊，2006(5)：147-154.

[102]王胜,余娜,付锐.数字乡村建设：作用机理、现实挑战与实施策略[J].改革，2021(04)：45-59.

[103]王盛开，吴宇. 改革开放以来乡镇企业的发展特点与政策取向[J].北京

行政学院学报，2012(4)：85-89.

[104]王晓莉.“十四五”时期推进乡村治理现代化的若干思考[J].天津社会科学，2021(2)：80-84.

[105]王晓毅.现代化视角下中国农村的减贫逻辑和过程[J].甘肃社会科学，2021(1)：16-23.

[106]王逸群，孙磊，江萍，程志强.多元共治协调联动 “五治四联”架起“平安桥”[EB/OL].（2020-04-15）[2021-7-14]. https://zj.zjol.com.cn/news.html?id= 1429996.

[107]王志龙. 倡导、激励和保护：清政府的族田政策[J]. 江海学刊, 2014(6): 166-172.

[108]卫思谕.社会治理进入“智治”时代[N].社会科学网，（2020-7-17）[2021-7-09]. http://www.cssn.cn/zx/bwyc/202007/t20200717_5156331.shtml.

[109]未也，罗韬，曾华.论建国五十年来党的农村土地政策[J].四川行政学院学报，1999(3)：7-11.

[110]魏后凯.“十四五”时期中国农村发展若干重大问题[J].中国农村经济，2020(1)：2-16.

[111]魏后凯.如何走好新时代乡村振兴之路[J].人民论坛·学术前沿，2018(3): 14-18.

[112]温暖.多元共治：乡村振兴背景下的农村生态环境治理[J].云南民族大学学报（哲学社会科学版），2021，38(03)：115-120.

[113]吴春梅，翟军亮.论农村公共服务决策中的个体能力建设[J].理论探讨，2014(1)：149-153.

[114]吴理财.中国农村社会治理40年:从“乡政村治”到“村社协同”：湖北的表述[J].华中师范大学学报（人文社会科学版），2018，57(04)：1-11.

[115]习近平.决胜全面建成小康社会 夺取新时代中国特色社会主义伟大胜利[N].人民日报，2017-10-28(001).

[116]习近平.在纪念孔子诞辰2565周年国际学术研讨会暨国际儒学联合会第五届会员大会开幕会上的讲话[EB/OL].人民日报，(2014-9-25)[2021-07-09]. http://politics.people.com.cn/n/2014/0925/c1024-25729181.html.

[117]习近平.在解决“两不愁三保障”突出问题座谈会上的讲话[J].当代党员，2019(17)：1-4.

[118]习近平.在中央扶贫开发工作会议上的讲话[C]//中央文献出版社十八大以来重要文献选编（下）.北京：中央文献出版社，2018：37.

[119]夏玉珍，杨永伟.淡漠与需求：农村公共服务表达问题研究[J].中南民族大学学报（人文社会科学版），2014(6)：88-92.

[120]夏支平.后脱贫时代农民贫困风险对乡村振兴的挑战[J].江淮论坛，2020(01)：18-25.

[121]项继权.从“社队”到“社区”:我国农村基层组织与管理体制的三次变革[J].理论学刊，2007(11)：85-89.

[122]肖军飞，周燕.“三治合一”视域下深度连片贫困区乡村治理体系创新：基于云南省盐津县的治理实践[J].云南行政学院学报，2020(4)：61-69.

[123]谢炜,郝宇青.乡村振兴视域下“三治融合”实施成效研究：基于上海的实证调查[J].学习与探索，2021(02)：55-61，175.

[124]徐顽强,王文彬.乡村振兴战略背景下农村空心化治理与社区建设融合研究[J].农林经济管理学报，2019，18(03)：416-423.

[125]徐小青,郭建军.中国农村公共服务改革与发展[M].北京：人民出版社，2008：4-22.

[126]徐晓全.新型社会组织参与乡村治理的机制与实践[J].中国特色社会主义研究，2014(04)：86-89.

[127]徐勇，叶本乾.关系叠加视角下的家户制政治形态：以传统汉族地区家户社会为基点[J].云南社会科学，2020(4)：2-10.

[128]徐勇.村民自治的成长:行政放权与社会发育：1990年代后期以来中国村

民自治发展进程的反思[J].华中师范大学学报（人文社会科学版），2005(02)：2–8.

[129]徐勇.县政、乡派、村治:乡村治理的结构性转换[J].江苏社会科学,2002(02):27–30.

[130]徐勇.现代国家的建构与村民自治的成长：对中国村民自治发生与发展的一种阐释[J].学习与探索，2006(6)：50–58.

[131]徐勇.现代国家建构中的非均衡性和自主性分析[J].华中师范大学学报（人文社会科学版），2003(05)：97–103.

[132]徐勇.以民主促进和谐：和谐社会构建中的基层民主政治建设研究[M].北京：经济科学出版社，2016：28–29；85–86.

[133]徐勇.中国农村村民自治[M].北京：生活.读书.新知三联书店，2018：66–84.

[134]杨华，陈柏峰. 取消农业税后的村民自治：社会基础、挑战及对策[J].调研世界，2009(7):14–21.

[135]杨振杰. “一事一议”财政奖补政策：国家目标、地方实践与基层自治[J].江汉论坛，2020(7)：19–24.

[136]叶青,袁昭颖.中国农业税的演变、终结与启示[J].税务研究，2020(06)：134–137.

[137]殷民娥.多元与协同:构建新型乡村治理主体关系的路径选择[J].江淮论坛，2016(06)：46–50.

[138]于健慧.社会组织参与乡村治理:功能、挑战、路径[J].上海师范大学学报（哲学社会科学版），2020，49(06)：18–24.

[139]余阳.当前乡村治理面临的新挑战[J].人民论坛，2018(12)：78–79.

[140]郁建兴,任杰.中国基层社会治理中的自治、法治与德治[J].学术月刊，2018，50(12)：64–74.

[141]袁媛.我国农村基本公共服务供给制度变迁中的政府行为研究[J].农业经

济问题，2014(11)：51–57.

[142]曾亿武，宋逸香,林夏珍,傅昌銮.中国数字乡村建设若干问题刍议[J].中国农村经济，2021(04)：21–35.

[143]张崇防.中国撤并乡镇7400多个 精简机构减轻农民负担[J].发展，2004(04)：40.

[144]张建君.政府权力、精英关系和乡镇企业改制：比较苏南和温州的不同实践[J].社会学研究，2005(5)：93–121.

[145]张乐天.告别理想：人民公社制度研究[M].上海：上海人民出版社，2012：177–306.

[146]张萌，萧明耀，孙飞翔.嘉兴市“一事一议”财政奖补政策成效显著[N].嘉兴日报，2014–04–15.

[147]张琦.打赢脱贫攻坚战是治理能力现代化的成功实践[J].人民论坛，2020(02)：22–25.

[148]张文显等.推进自治法治德治融合建设,创新基层社会治理[J].治理研究，2018(6)：5–16.

[149]张文显.“三治融合”之理[J].治理研究，2020，36(06)：2，5–8.

[150]张晓山.农村基层治理结构：现状、问题与展望[J].求索，2016(7)：4–11.

[151]张兴宇,季中扬.礼俗互动:农村网格化管理与新乡贤“德治”协同逻辑[J].南京农业大学学报（社会科学版），2020，20(01)：79–89.

[152]张兴宇,季中扬.新乡贤参与农村社区治理的路径和实践方式：基于社会关系网络的视角[J].南京社会科学，2020(08)：82–87.

[153]张艳娥.关于乡村治理主体几个相关问题的分析[J].农村经济，2010(01)：14–19.

[154]张应良，徐亚东.农村公共服务供给与居民主观幸福感[J].农林经济管理学报，2020，19(1)：98–108.

[155]张则振.新中国大行政区制的历史演变[J].百年潮，2001(12)：46–49.

[156]赵保海,郑远.生态文明建设视角下农村环境治理问题研究[J].农业经济，2021(05)：29–31.

[157]赵俊怀.论我国地方公共产品供给民营化[J]. 经济体制改革，2003(6)：26–29.

[158]赵树凯.乡村治理:组织和冲突[J].战略与管理，2003(06)：1–8.

[159]折晓叶，陈婴婴.项目制的分级运作机制和治理逻辑：对“项目进村”案例的社会学分析[J].中国社会科学，2011(4)：126–148.

[160]郑风田，阮荣平，程郁. 村企关系的演变：从“村庄型公司”到“公司型村庄”[J]. 社会学研究，2012(1)：53–75.

[161]郑会霞. “后扶贫时代”的贫困治理：趋势、挑战与思路[J].河南社会科学，2020，28(10)：118–124.

[162]郑会霞.如何突破乡村治理面临的四重困境[J].人民论坛，2020(18)：78–79.

[163]中共中央关于加快农业发展若干问题的决定（草案）[J].新疆林业，1979(S1)：1–11.

[164]中共中央国务院关于实施乡村振兴战略的意见[N].人民日报，2018-02-05（001）.

[165]中共中央国务院关于推进农村改革发展若干重大问题的决定.十七大以来重要文献选编（上）[M].北京：中央文献出版社，2009：668–690.

[166]中共中央国务院印发《乡村振兴战略规划（2018—2022年）》[N].人民日报，2018-09-27（001）.

[167]中国老龄科研中心.中国城乡老年人口状况一次性抽样调查[M].北京：中国标准出版社，2003：67.

[168]中国政府网.让乡村社会既充满活力又和谐有序：中国乡村治理呈现新局面[EB/OL].（2019-10-10）[2021-07-21]. http://www.gov.cn/xinwen/2019-10/10/

content_5438173.htm.

[169]中国政府网.中共中央关于坚持和完善中国特色社会主义制度 推进国家治理体系和治理能力现代化若干重大问题的决定[EB/OL].（2019-11-05）[2021-7-21]. http://www.gov.cn/xinwen/2019-11/05/content_5449023.htm.

[170]中国政府网.中共中央 国务院关于实施乡村振兴战略的意见[EB/OL].（2018-02-04）[2021-7-21]. http://www.gov.cn/xinwen/2018-02/04/content_5263807.htm.

[171]周飞舟.财政资金的专项化及其问题:兼论“项目治国”[J].社会，2012，32(1):1-37.

[172]周飞舟.从汲取型政权到“悬浮型”政权：税费改革对国家与农民关系之影响[J].社会学研究，2006(03)：1-38，243.

[173]周少来.“多予、少取、放活”乡村振兴发展主题的时代转换[J].人民论坛，2020(10)：94-97.

[174]周少来.“权力过密化”：乡村治理结构性问题及其转型[J].探索，2020(3)：118-126.

[175]朱政.国家权力视野下的乡村治理与基层法治：鄂西L县网格化管理创新调查[J].中国农业大学学报（社会科学版），2015，32(06)：94-102.

[176]左停，金菁，刘文婧.组织动员、治理体系与社会导引:中国贫困公共治理中的话语效应[J].西北大学学报（哲学社会科学版），2021，51(02)：50-61.

后 记

乡村振兴有赖于乡村组织振兴与乡村治理的现代化。组织农民是中国共产党的重要经验，在战争年代，中国共产党依靠组织农民取得了革命的胜利，在新中国成立以后，依靠组织农民，发展了农村经济，支持了中国的工业化。在进入新时代以后，组织农民仍然是实施乡村振兴战略，推动农村现代化的关键之一。习近平总书记就把组织振兴列为乡村振兴的“五个振兴”之一。

党的十九大提出实施乡村振兴战略，治理有效被列入乡村振兴五个总要求。有效的乡村治理的核心是在农业农村现代化过程中，同步实现乡村治理现代化。现代化的乡村治理与传统乡村治理无论是在目标、手段还是在效果上，都是不同的。第一，现代化的乡村治理目标是为农民提供更好的公共服务；第二，为了实现这个目标，国家力量要下沉基层，贴近百姓；第三，现代化的乡村治理要实现法治、德治和自治的融合，在乡村治理中要体现国家的意志，同时打造村民共建共治共享的治理新格局；第四，现代化的乡村治理要充分利用现代治理技术，实现更精准的治理，从而建立和谐、平安的农村社区，让农民满意。

为此，我们在本书中希望将历史描述、理论分析和当前的经验研究融为一体，从多个方面论述乡村组织振兴与新时代乡村治理：第一章从新时代乡村的变化分析了乡村治理的任务和机制创新；第二章讨论了新中国成立以来乡村治理的历史演变及挑战；第三章讨论了公共服务与乡村治理现代化的关系；第四章分析了村级组织建设与乡村治理现代化；第五章讨论了农村集体经济组织建设与乡村治理现代化；第六章阐述了农村社会组织建设与乡村治理现代化；第七章展望了新时代乡村治理的创新与发展。

本书能顺利出版，首先要感谢湖南人民出版社黎红霞主任精心策划，同时也要特别感谢中国农业大学人文与发展学院李小云教授和左停教授的组织实施及具体指导和推动。在本书撰写与研究过程中，还得到了浙江省哲学社会科学规划“省第十五次党代会精神研究阐释”专项课题“共同富裕视域下共建共治共享社会治理的浙江实践与制度建设”（蒋培）和浙江省哲学社会科学规划课题“赋能视角下浙江省农村家庭养老支持政策研究”（22NDQN251YB）（金菁）的支持，在此一并表示感谢。

本书撰写工作是在诸位作者通力合作下完成的。中国社会科学院社会学研究所王晓毅教授与浙江农林大学文法学院鲁可荣教授共同完成了提纲撰写和篇章结构设计，并组成了以浙江农林大学文法学院青年教师为主体的编写组。具体章节分工如下：王晓毅教授承担第一章的撰写，金菁博士承担第二章的撰写，鲁先锋副教授承担第三章和第四章的撰写，王敬培博士承担第五章的撰写，鲁可荣教授承担第六章的撰写，蒋培博士承担第七章和全书部分案例的撰写。全书由金菁博士和蒋培博士负责统稿。

由于时间仓促以及编写团队能力有限，书中肯定存在一些需要进一步完善之处，请各位专家及广大读者批评指正。

本书编写组